GAUGUIN

保羅‧高更（Paul Gauguin）著
郭安定 譯

Noa – Noa

諾阿‧諾阿

尋找高更

拋下世俗、遠走他鄉！
高更生前親手撰寫大溪地生活筆記
完整紀錄其心境、審美觀和畫風的轉變
近百幅精美畫作，紀錄高更一生不可思議的傳奇

目錄

Contents

歷久不衰的高更傳奇

「他是高更，是個憎惡被文明束縛的野蠻人。他有點像泰坦①，嫉妒造物主，於是在空閒時間獨立進行創造；他像個孩子，把玩具拆了又裝，裝了又拆，他敢於否定現狀，敢於反抗傳統，他寧願把天堂看成紅色，而不是永遠的藍。」

——奧古斯特‧斯特林堡

保羅‧高更（Paul Gauguin）1848年6月7日出生於巴黎。當高更的父親克洛維斯（Clovis Gauguin）和母親阿琳‧瑪麗‧夏札爾（Aline Marie Chazal）帶著一家四口啟程去秘魯的首都利馬時，高更只有三歲。當時阿琳的親戚是祕魯總督的後裔，而高更的父親——當時是一位左翼的政治記者，卻在旅途中不幸去世了。他的遺孀獨自帶

「古老的馬奧里祭禮」中的一幅素描，約作於1892年。

「佈道後的幻覺」，1888年，畫布、油彩，73 cm × 92 cm，
愛丁堡，蘇格蘭國家美術館。

著兩個年幼的孩子來到了利馬，並且在那裡住了四年。

　　四年之後，他們一家回到了法國，高更在奧爾良（Orleans）上
學直到1865年，他到貨輪上工作，開始在海上漂泊。之後他在海軍服
役，並於1871年春天退役。高更雖然在海上生活了許多年，但是他很
快適應了陸地生活。他的監護人阿羅薩（Gustave Arosa）是畢沙羅的

註1：泰坦也叫提坦（Titans），是希臘神話中曾經統治世界的古老神族，這個家族是天穹之神烏
拉諾斯和大地女神蓋亞的子女，他們雖然統治世界，但後來卻被宙斯家族推翻。

崇拜者，也是畢沙羅（Cammille Pissarro）繪畫作品的收藏者，在他的協助下，高更進入巴黎的證券交易所工作。高更當時年輕又有幹勁，做生意頭腦又靈活，所以在證券交易所裡賺了不少錢。1873年，他與出身富裕家庭的丹麥姑娘——梅特‧蘇菲‧加德（Mette Sophia God）結了婚。

至此，保羅‧高更的人生道路看起來似乎一帆風順：能夠像他的監護人一樣收藏現代畫家的畫作，並與他的同事埃米爾‧許弗內凱一起以作畫消遣，他的人生一切如意。1876年他的一幅畫作——《維羅弗萊的景色》在畫廊正式展出。

從1880年起，他的作品參加了印象派畫家的所有展覽。那時的高更便隱隱約約地感覺到，自己必須在經商和畫畫之間作出抉擇。1883年初，在沒有告訴妻子的情況下，他毫不猶豫地辭掉了在證券交易所優渥的工作，儘管他本人和他的家庭都要為此付出高昂的代價。但他對畫畫有著強烈的興趣，而且幾乎到了狂熱的地步。

高更的家人阻擋不了他內心的渴望，他試圖把經商與藝術活動結合起來，但終告失敗後，他拋棄了在哥本哈根的家，獨自來到藝術之都巴黎。貧困迫使他在巴黎街頭張貼廣告，以教畫餬口。巴黎的觀眾既不理解他，更無情地嘲笑他，貧病交加終於讓他住進了醫院。他也曾經放棄尊嚴，低聲下氣地去請求朋友們的幫助，但這一切一切的磨難，都阻擋不了他朝繪畫之路勇敢前進的決心。

「黃色基督」，1889年，畫布、油彩，92 cm × 73 cm，布法羅，歐伯萊特－諾克斯藝術館。

「樹下的茅屋」，1887年，畫布、油彩，
92 cm × 72 cm，美國，私人收藏。

儘管他在私生活方面有些放縱，在行事上老喜歡玩弄一些小花招，使自己的名聲沾上污點，但他在作畫方面卻始終堅定不移、毫不妥協。在盧昂和哥本哈根先後住了一段時期之後，他於1885年再度回到了巴黎，並開始經常性地往返首都和布列塔尼之間。他被布列塔尼地區的景色和廉價的膳宿條件吸引。在阿凡橋，他結識了埃米爾·貝納（Emile Bernard），並與另一位青年畫家查理·拉克耳（Charles Laval）建立了深厚的友誼，後者成為他首次從「文明世界」中逃遁時的旅伴。

1887年四月，他們倆啟程去巴拿馬，然後到馬丁尼克。同年十一月，他們從馬丁尼克返回巴黎，這時的高更疾病纏身、受盡屈辱、身無分文。高更的友人許弗內凱幫助他在巴黎安頓下來，並將文森·梵谷和西奧·梵谷兩兄弟介紹給他。他們非常欣賞高更的作品。西奧於1888年在他的畫廊裡為他舉行了一次畫展，可惜高更的畫作銷路不佳。於是，高更又回到阿凡橋，與貝納、拉瓦耳、德漢、塞魯西葉等畫家在一起作畫、雕刻並製作一些陶瓷製品。

1888年十月，他赴阿爾和文森·梵谷重聚，然而他們兩人的關係在三個月內日趨緊張，直到梵谷幾乎發狂。高更返回巴黎，到許弗內

凱那裡停留了一陣子，接著重返布列塔尼。1889年世界博覽會期間，他在沃爾皮尼咖啡館舉辦了個人畫展，雖然結果又是一敗塗地，但是他的探索卻引起了年輕畫家和評論家們極大的興趣。高更揚名的號角終於開始吹響。

1890年底，他經常參加象徵派在巴黎伏爾泰咖啡館裡舉行的聚會。他成了馬拉梅（Mallarmé）、奧里埃（Aarier）、莫里斯（Morice）、魯東（Redon）、卡里葉（Carriere）、米爾博（Mirbeau）還有一些那比派畫家的好友。馬拉梅主持了1891年3月23日專門為他舉行的宴會。原因是，當時高更已經決定遠離法國到熱帶地區去冒險。

他首次的大溪地之行並不成功，儘管如此，他從此離不開那裡的氣候、自然景色和無拘無束的生活方式。高更於1893年八月重返巴黎之後，畫作的銷售情形並不順利，而且頻頻出狀況，例如在迪朗—呂埃爾畫廊的展出不順利；拍賣會成為一場災難；到哥本哈根去探視妻子毫無結果；他叔父留給他的一筆遺產也很快在他的手中花光；而他的爪哇女友安娜將他的畫室洗劫一空，兀自揚長而去。

1895年二月，他前往大溪地，決心不再回法國。他與他的知己好友達尼埃爾·德蒙弗雷

高更在許弗內凱花園中做畫，照片攝於1889年左右。

「美麗的安琪拉」，1889年，畫布、油彩，
92 cm × 73 cm，巴黎，奧賽博物館。

BELLE ANGÈLE

的通訊，成為他與妻子決裂之後與文明世界聯繫的唯一線索。他寂寞孤單、身染重病、痛苦萬分，一些永遠找不到答案的悲慘問題不時縈繞在他的心頭：

「我們從何處來？我們是什麼？我們該往何處去？」

他感到非常絕望，1898年還曾企圖自盡。但是死神卻放過了他，健康狀況也有所改善，在難以想像的貧困中，他恢復了創作。

在大溪地的這一段時期，高更飽受殖民地日常生活瑣事的困擾，由於健康的原因他原本想以寬容的態度來面對一切，但在他周圍的土著們放肆且無禮的風俗民情，讓高更愈來愈憤怒，他感到無助，幾乎想要徹底放棄在這裡生活與創作的夢想。

但鬥士的強大本質卻在他身上逐漸形成，並促使他反抗一切在他看來違反自然的發展阻力與障礙。他理解這場鬥爭是長期、持久的戰爭，為了用有效的武器開展戰鬥，他決定到「胡蜂」日報就職，並在

這是高更給許弗內凱的信中談到所謂「悲慘者」的自畫像草圖。
1889年，木板、油彩，80×52cm，華盛頓，國家美術館，徹斯特·戴收藏。

「娜芙・娜芙・瑪哈瑪」，1896年，
畫布、油彩，95 cm × 130 cm，
里昂，美術館。

報上發表反對行政當局、濫用職
權和其他錯誤政策的尖銳文章。

　　1899年八月，為了能完全
自由地批判他認為不公正的社
會現象，他自己創辦了一份論
戰性的報紙——「微笑」。這
份報紙完全由他編輯、書寫並
添加插圖，用油印機印刷。

　　「……遺憾的是，人們總喜歡把報紙來回傳著看，因此我真
正賣掉的很少。儘管如此，經過一些日子以後，我已經能每個月賺
進五十塊法郎，這就使我能平安地度過這段時期而不致於負債累
累……。」

「大溪地田園生活」，1898年，畫布、油彩，54 cm × 169 cm，倫敦，泰德畫廊。

「白馬」，1898年，畫布、油彩，140 cm × 91 cm，巴黎，奧賽博物館。

　　他與島上的殖民當局發生了衝突，當局對這個居住在土著中的白人並不友善，他遂於1901年離開大溪地，到拉多米尼克島的馬克薩斯群島避難。

　　這時的高更病重，一度想回法國去，但是蒙弗雷提醒他，他今後的命運是在島上。馬克薩斯群島的殖民當局把這個住在島上、維護當地居民權益的白人看作危險份子，於是在1903年五月判處他三個月的徒刑。由於高更對這些無理取鬧的做法十分惱火，同時身受疾病的困擾，使高更的身體與精神越來越差，在這個情況下，唯一能給他安慰的，只有督教牧師韋尼埃的一些肺腑之言；但這一切終究無濟於事，保羅‧高更在1903年5月8日，在阿杜阿納去世。

　　然而即使死亡了，命運之神仍然未對高更鬆手。據說，他的一些作品被認為過於褻瀆神祇而被全部摧毀，宗教界更決定對這些作品舉行宗教葬禮；七月曾屬於畫家的物品在阿杜阿納公開出售，接著九月又在帕匹特出售他的繪畫作品。高更所有的紀念物，所有的速寫筆記本就這樣全都散佚消失。

　　當這個世界似乎正準備永遠遺忘這個自願流放在異地他鄉的遊子時，高更瑰麗多彩、迥異於文明世界情調的繪畫風格，卻以更加風

這是高更在1891至1903年間寫的「諾阿‧諾阿」一書的封面。

光、更為震撼、翻天覆地、燎原之姿，重新回來襲捲並且征服想要將他遺忘的文明世界！

追求「原始的」生活和藝術

當高更開始對繪畫著迷時，他還是個走運的證券經紀人。1874年前後，印象派首次公開露面，其聲勢之大，引起了巴黎藝術界的激烈爭論，高更立刻站在這些革命者的身邊。他們透過與大自然的直接接觸，以及對光線和氣候效果的觀察——改變物體形態的造型，並將光線和氣候，當成描繪對象的媒介，使色彩產生顫動——造成繪畫觀點的全面革新。

事實上，高更從未完全認同印象派的詩學，以及作為印象派運動特徵——隨意奔放的色彩和光線。他堅持傳統的構圖、對色彩嚴格地調配並保持一定密度，以展示他的另一種觀察現實的方式。然而在印象派首次展出後不到十年，該運動即陷入危機。問題不僅僅在於有批畫家面臨創作的危機，而是對影響思想和所有藝術領域的現代自然主義原則，提出了深層的疑問，那就是：超越表象世界、更深刻地發掘人類靈魂祕密的要求被提了出來，正如要表達內心世界，需通過口頭或塑造的方式，去表達真正的思想和感情那般，為了主導思想——象徵，外在的現實通通被排擠出去。

1883年至1885年是年輕的高更轉折和成熟的時期。他常常把塞尚（Césanne）的畫拿來細細研究，甚至一層層解構畫作的內涵，以便更好地掌握他的創作結構。

1886年是高更在創作上經驗最豐富的一年，儘管他既貧困又患病，但他依舊勤奮工作，並在自己的探索中找到與過去截然不同的全新方向，即使這方向仍屬於印象派的範疇。此後，圖像的裝飾性

構圖壓倒了自然主義的表現模式，在畫布上協調地鋪畫大片色彩也顯得更加簡樸，當年夏天他在阿凡橋所創作的畫當中，可以看到這些特色。他的畫風在1887年愈來愈明確，當時他已經開始嚮往熱帶生活，並與拉瓦耳一起去巴拿馬，然後轉往馬丁尼克。

高更與「掐絲琺瑯彩」

這一時期的畫作特色是構圖更加嚴密，雖然色彩塗得很密集，但暖色和明亮的色彩則更為奔放，這對原來是經紀人的非專業畫家來說，已經是前進了一大步。他作為專職畫家的經歷只有短短五年，還未達到成熟的階段。到了1888年，高更的作品風格才逐漸趨於成熟，當時他又一次來到阿凡橋，與兩年前結識的年輕人——埃米爾·貝納一起工作。不過，此時的高更卻不斷的在疑慮和猶豫不決的狀態中困擾。

貝納既是畫家又是知識分子，他有著強烈的批判精神、無可置疑的理論知識和大膽實踐的才能。他的畫作形態簡樸，用單線條勾勒、色彩厚塗並像彩繪玻璃和里摩的搪瓷（又稱琺瑯）一樣，用線條將主題框起來，也因為與這種搪瓷的特殊技術相比，而使他的風格被稱作「掐絲琺瑯彩」。這種畫風無疑太拘泥於形式、太過於死板；它們是過度機械化實踐一種抽象理論，但是這

「沙灘上的騎士」，1902年，畫布、油彩，66 cm × 76 cm，埃森，福克旺博物館。

一批畫家在阿凡橋的格洛納克公寓門前，照片係1888年攝（高更坐在第一排）。

種畫風卻也為印象派自然主義走出死胡同，開闢了一條新的道路。因此，高更利用並發揮了貝納提出的解決辦法和繪畫的表現能力。在1888年至1891年之間高更所完成的畫作，都運用了任意和反自然主義的色彩。這種色彩完全由他的感情來決定、調色均勻、簡樸和平衡，空間並無深度。由於象徵性和文字上的展現，往往帶有高度的神祕感和宗教色彩，精神境界因而占據了主導地位。貝納的神祕主義無可置疑地影響著高更的風格和對主題的選擇，但年輕的理論家永遠達不到比他年長的詩意境界。

一個真正的原始人

高更的重要時刻來到了：在布列塔尼，很多畫家追隨他，在巴黎有些畫家把高更看作是一種新學說的先知者。如奧克塔夫‧米爾博所

說的，詩人們對高更既複雜又原始、既明又暗、既粗野又精緻的藝術風格深感興趣。像用斧頭切削成粗壯的高更，成為深受象徵派歡迎的人物；他經常出入他們聚會的地方，特別是伏爾泰咖啡館。1891年——象徵主義獲勝的一年，他應邀出席了為莫雷亞斯舉行的宴會；2月，他的畫作在拍賣會上大受歡迎；3月，馬拉梅為他決定遠離巴黎去熱帶地區生活舉行了盛大的歡送會。

　　他首次去大溪地島體驗「原始」生活是在1891—1893年間。儘管遇到一連串未曾預料到的困難，但他卻欣喜地發現一個完全沒有受

「聖皮埃爾海灣」，1887年，畫布、油彩，54.5 cm × 89.5 cm，哥本哈根，卡爾斯堡博物館。

到腐蝕、未開墾的聖境。他在畫中表達了茂盛的植物在眩目的陽光下，或在暖熱的陰影中自然生長的喜悅；他歌頌像鮮花一樣清新、耽於情慾的肉體，或是在部落間飛翔的神靈的奧祕：試圖象徵性地表達「原始」精神境界，色彩豐富、燦爛、和諧的歡愉；他大聲歌頌著絕對綜合主義的形態。

這些畫作在巴黎迪朗—呂埃爾那裡受到了冷落，它們不僅僅充滿情慾色彩，而且深受毛利人文化的影響。然而在使他著迷的純樸且雕塑粗糙的布列塔尼基督受難像，和這些傳統居民習慣作的富有象徵意義的雕像之間，依然存在著一條傳導線：他們雕刻一些簡單但富有象徵意義的形態，體現出大自然的力量和原始的宗教精神。高更並不會去模仿毛利人的藝術，也不採用他們的任何藝術形式，他

淵博的文化知識——從埃及到波斯，從柬埔寨直到東方，為他的藝術提供足夠的養分：闡明他對藝術的深刻認知，儘管他知道自己的境界與毛利人有所不同，他所表達的是一個現代人的願望和憂傷，其內心世界和情感的反應，

「高更自畫像」，畫在普爾迪的瑪麗·亨利旅社的一個衣框門上，1888年，私人收藏。

「阿利斯康的景色」，1888年，畫布、油彩，92 cm × 73 cm，巴黎，奧賽博物館。

與大溪地人完全不同。這種嘗試驅使這個高雅的野蠻人，把象徵融合在表現外部世界的過程中，把大自然、幻想、事實，與想像緊緊地揉合在一起。

「繪畫，即畫的圖像，是由畫家富有詩意創造出來的新客觀現實。」從這個意義來說，高更才是真正的原始人。

我們從何處來？我們是什麼？我們往何處去？

1893年，高更重回巴黎，重新回到一個有組織與秩序的社會中，但這裡的文明生活卻令他大失所望。在勉強適應了一年半以後，1895年2月，他還是決定重新踏上大溪地的航程，並且下定決心永遠不再回來。

或許他已經沒有精力在這個處處講究禮儀與商業市場的環境中繼續爭鬥。巴黎是一個對於不服從市場規則的藝術家最殘酷的城市，這種商業市場的遊戲對高更來說無疑是最大的折磨，一年半的努力已經讓他用盡力氣，至少，他再也無力反擊那種虛偽、爾虞我詐與人情的漠視；也許他還在懷念部落生活的單純和直接。作為普通人和藝術家，他知道他的命運在那裡：在那個遙遠的大洋洲島嶼上。家庭、朋友、榮譽對備受反叛折磨的高更來說，幾乎毫無意義存在。他急著逃往那個更符合自己與自然的環境中，希望在那裡尋求心靈的平靜。

他的一生雖然酸甜苦辣兼備，但是充沛的創造力和瑰麗繽紛的色彩，卻營造了一個讓他可以進去躲避的豐富世

「阿爾的夜晚咖啡廳」，1888，畫布、油彩，73 cm × 92 cm，俄羅斯莫斯科普希金美術館

界，創作出充滿幸福、激情和生命力的繪畫作品。即使遠離故土的痛苦有時使他心情憂傷；一些找不到解答的問題——「我們從何處來？我們是什麼？我們往何處去？」——在他腦海中不停地迴盪對他產生困擾，然而他卻在畫筆下給這些念頭一種全新的面貌、一種可以感覺的藝術形態，讓他充滿想像力的才華和即便貧寒卻多采多姿的一生沒有虛度。

第二次前往大溪地的高更，從他在馬克薩斯群島生活時期創作的繪畫中，表明了這種自我戰鬥、超越繪畫以創造一些新的造型與形式的大膽嘗試，具體地表現人們普遍存在的心靈疑慮、陰暗的缺陷和反叛的悲劇。從他的創作中，有時象徵的意圖突顯出文學的語彙；有

梵谷，「阿里斯康枯葉」，1888，畫布、油彩，73 cm × 92 cm，荷蘭國立渥特羅庫勒穆勒美術館

24　GAUGUIN

「午休」，1891－1892年，畫布、油彩，87 cm × 116 cm，瓦爾特‧安南伯格藏品。

時綜合主義的願望使他採用過多的裝飾手段，但大體來說，高更獨特的繪畫風格和追求心靈意涵的思想，一一體現在他的畫作之中，那富於表現的活力與張力至今依然無人能及。活在那個「享樂之家」島嶼的「白人」——保羅‧高更——早已經在現實中，讓埃及的神祇和原始宗教的塑像，融為一體。

保羅·高更的繪畫，在華人世界已有不少介紹，複製品也隨處
可見，是不算陌生的。然而，他寫的書《諾阿諾阿：尋找高更》，
一直沒有譯成中文，長久以來為讀書界所懸望。現在好了，中譯本
可以送到諸位面前。譯文忠實而流暢，讀來使人誤以為高更能操一
口流利的中文，在向我們娓娓講述他在大溪地島的經歷。他的故
事，對一般讀者，是極有趣的；對從事藝術創作的人，恐怕還頗不
乏發人深省之處。

　　高更從事繪畫之前，在巴黎一家交易所有一個很好的位置。但
是，出於對藝術的熱愛，他拋棄了職業與家庭，一心作畫。對文明社
會的虛偽、醜惡，他越來越無法忍受。他三赴布列塔尼地區風景優美
而富於野趣的阿凡橋；在那裡，他的藝術成熟了，有了自己的面貌。
後來，他兩度到大溪地島：第一次是1891年到1893年。《諾阿諾阿：
尋找高更》記述的，便是這兩年的生活；第二次是1895年到1903年。
1903年5月8日，他死在當地侯爵夫人島的阿圖阿納。

高更和梵谷一樣，被當時的文明社會所不容。他熱烈地愛著大溪地這片芳香的土地，並不是有錢、有閒者對異國情調的新奇嚮往。他是為了追求真、善、美。大溪地的土地和人，滋養了高更的藝術，使它大放異彩，也完全沒有辜負高更的深情。

　　高更的文字著作，還有《現代精神與天主教》和《古往今來》，都寫於他重返大溪地島的最後歲月，談論他本人的作品與生活。

　　在藝術上有所創新很不容易。高更大膽創新了！讀了《諾阿諾阿：尋找高更》，我們就會更瞭解他。他說得多麼好：

　　「為什麼還不趕快把代表太陽喜悅的金色傾倒在畫布上？——不屑於此！那是歐羅巴的陳規陋習！是墮落了的種族在表現上的羞怯！」

嘯聲

遠走他鄉——大溪地

「能告訴我，您都看見些什麼？」——波特萊爾（《旅行》）

六月八日，夜色濃重。今天是這次航行的第六十三天。啊，對我來說，這是焦躁等待的六十三天，是對渴望抵達的陸地沒完沒了地遐想的六十三天。突然，前方出現了亮光。亮光看上去奇形怪狀，在海面上蛇行蜿蜒。頃刻間，一個圓錐形的物體突兀聳立，底部曲折交錯。像是鑲上了花邊。

船繼續前行。繞過莫雷阿島，大溪地就呈現在眼前。

又過了幾個小時，天幕上現出了黎明的熹微。船緩緩地駛近堤礁，朝維納斯角開去，不久便進入帕皮提〔帕皮提位於大溪地島西北岸，是法屬玻里尼西亞的首府。——譯者〕水道，安安穩穩地停泊在港內。

初看上去，這個不大的島嶼並無任何美妙之處；比如說，根本無法與壯麗的里約熱內盧海灣相提並論。我凝神注視周圍景色，並沒有想到要進行比較。這是一座山的頂峰；山體被遠古時代的洪水淹沒，只有山尖露出水面。可能有一家人漂流到此，落戶生根，世

高更，「拿著調色板的自畫像」，1891年，畫布、油彩，
55 cm × 46 cm，私人收藏

代繁衍。與此同時，珊瑚也爬過來，包圍了新的島嶼，並不斷擴大
地盤。小島後來又有所延展；然而，它當初孤寂與縮約的格調並沒
有改變；大海的廣袤更加突出了這一特點。

　　上午十時，我前往拜會總督，總督是個黑人，名叫拉加斯加
德。他隆重地接待了我，好像我是一位重要人物。我之所以得享這
份殊榮，是因為法國政府委託我執行一項使命；至於為什麼選中了
我，我也說不清楚。

　　這是一項藝術使命，是這樣的。但是，藝術一詞在這位黑人眼

裡不啻是間諜的官方同義語。我白白費了不少唇舌，他的疑慮最終還是沒有消除。他身邊所有的人也都跟著他犯了判斷上的錯誤，沒有一個人相信我說的是實話。

過了不久，帕皮提的生活就變得不那麼愜意了。本來以為到了這裡可以逃脫歐洲那一套東西；可是，殖民地冒充風雅的習氣，以及幼稚而粗俗的模仿達到了不倫不類的地步，凡此種種，把這裡搞得比歐羅巴還歐羅巴。我來到這如此遙遠的地方，追尋的絕非是這些東西。

不過，一樁萬眾矚目的事件引起了我的興趣。

其時，包馬雷國王的病情惡化；大家都明白，駕崩的噩耗隨時都可能傳來。一種奇怪的現象越來越明顯：凡是從歐洲來的，不論是商人、官員、軍官或士兵，都若無其事，繼續在大街上嬉笑、唱歌；而土生土長的本地人，則個個神態肅穆，三五成群地在王宮周圍壓低嗓子議論著。泊船錨地一片繁忙；藍色的水面上，橙黃

高更，「諾阿·諾阿」，1891—1893年，木刻畫

高更，「女子像」，1891—1892年，水彩速寫，17 cm × 11 cm，紐約，私人收藏

色的帆增加了不少，顯得異乎尋常。陽光之下，堤礁線上，銀白色的浪花急促地翻捲著。那是鄰近島嶼的居民趕來守候彌留之際的國王，實際上是眼睜睜地看著法國人把他們的帝國完全吞併掉。上蒼已發出了警告，凶兆已經顯現出來：每當國王行將謝世，落日的餘暉裡，某些山坡上會出現成片的深色地塊。

國王終於停止了呼吸；遺體停在宮內，供眾人瞻仰；靈堂佈置得莊嚴肅穆，禮儀十分隆重。

在靈堂裡，我見到了王后；她的名字叫瑪魯，此時正用鮮花與布幃裝飾大廳。這時，公共工程負責人過來徵求意見，問我如何安排、佈置才有藝術效果。我什麼也沒有說，只抬手指了一下王后的身影。此刻，王后正以她毛利族人特有的審美本能，在她周圍散佈恩寵；她所觸及的任何東西，頃刻間就變成了精美的藝術品。

然而，我那天對她的瞭解還很不完善。抵達後所見所聞與我當初的期待大相徑庭，我大失所望，粗俗不堪的歐洲情調簡直令人作嘔。不過，那些歐洲玩意兒畢竟是新近的舶來品，在矯揉造作而使人厭膩的進口大雜燴下面，這個戰敗民族自身的東西並沒有泯滅。這使人眼花繚亂，我就像瞎了眼睛一樣，許多事情一時難以分辨清楚。

正因為如此，那天，在我的眼裡，王后只不過是個一般的女人，已不年輕，體格富態，風韻猶存。可能那天她血液裡的猶太成分占了上風。後來，我再次見到她時，才覺察到她那毛利人的魅力。顯然，這一次，大溪地的血統壓倒了一切。她沒有忘記她的祖父、大首領塔堤。這給她、她的兄弟、她的家族一種威嚴莊重的性格與氣度。她的身軀長得威風凜凜，像島上的石雕，既寬厚又不失動人的風采。手臂像廟堂上的一對石柱，筆直、線條簡潔；上身寬闊，往上逐漸變細。這種體態不禁使我聯想起我頭腦裡的那個大三

高更，「做夢的人」，1891年，畫布、油彩，94.6 cm × 68.6 cm，
美國，密蘇里州，尼爾森·安特美術館藏

角形：所謂的「三位一體」。〔基督教教義裡，上帝分為聖父、聖子（耶穌）和聖靈（或稱聖神），是為「三位一體」。〕有時，她眼睛的閃光裡迸發出一種難以言傳的激情的先兆。這種激情似乎一下子就能燃燒起來，立刻把周圍的生活映得通紅。當初大概就是這種激情使這座島嶼從大洋深處湧現出來，又在第一顆太陽的照射下長出繁茂的花草樹木。

所有大溪地人都換上黑色衣衫，兩天兩夜不停地唱著哀悼頌歌和安魂曲。我似乎聽到了悲愴奏鳴曲。

安葬之日到了。早晨六時就從王宮出發。儀仗隊和當局的頭面

高更，「甘泉」，1894年，畫布、油彩，73 cm×98 cm，聖彼德堡，艾爾米塔什博物館藏

人物，一律黑衣白盔，當地人也身著本民族的喪服。每個區縣的人集合在一起，依次行進。他們的首領手執法國國旗，走在各自隊伍的前頭。整個行列黑壓壓的，形成一字長蛇。走到阿魯埃縣境，送葬行列停了下來。只見前面立著一座說碑不是碑、說牌樓不是牌樓的東西，與當時的氣氛以及周圍的植物形成了極不協調的對照。那是一堆珊瑚石，用水泥黏連在一起，說不出它到底像個什麼。黑人拉加斯加德在此發表演說，不外乎是誰都說得出來的套話；有個翻譯把他的話譯給在場的毛利聽眾。然後由新教牧師講道。最後，王后的兄弟塔提致答辭。儀式到此結束，隊伍解散，人們各自離去。官員們紛紛往篷車上擠，像是出門採購，該回家了。

大路上，人們踉踉蹌蹌，像潰退的敗兵。法國人心情沒那麼沉重，率先變了調門。於是，幾天來一直沉痛肅穆的人群，一下子又嬉笑喧鬧起來。妻子挎住了丈夫的胳膊，臀部的肌肉不住地抖動，兩隻寬大的赤腳重重地踏在土路上，揚起股股灰塵。到了法烏杜阿河邊，人群一下子散開了。這裡那裡，女人們躲到散亂的石頭後面，撩起裙裾，蹲在水裡，洗濯她們被炎熱和勞累所刺激的屁股和大腿。如此潔淨之後，她們重新上路，向帕皮提走去。她們的胸脯都高高地向前隆起，乳峰尖頂處各綴著一顆貝殼；細薄的平紋布連衣裙下面，乳房柔軟優美，像兩頭年輕、健壯的母獸。她們身上散發著一種混合的氣味，既有動物的又有植物的，有她們血液的氣味，還有她們頭上戴著的梔子花花冠的芳香。「伊台耶——內伊——呃——美亞——諾阿——諾阿（現在，真香）！」她們一邊走，一邊談論著。

一切復歸慣常的秩序。只少了一位國王。隨他一起消亡的，是古老習俗與祖輩榮光最後的殘留。同他一起，毛利人的傳統也死去了。這一切都已成為過去。文明終於戰勝了！它帶來了大兵、貿易和官僚制度。

高更,「大溪地街景」,1891年,畫布、油彩,115.6 cm×88.6 cm,西班牙,托雷多美術館藏

一股深深的憂傷籠罩在我的心上。跑了這麼漫長的路，就是為了得到這些？這些我避之惟恐不及的東西？把我吸引到大溪地來的美夢被眼前的現實粉碎了。我愛的是原先那個大溪地。我怎麼也不甘心接受這種說法：原先那個大溪地已被摧毀，這個美麗的種族竟沒有把它往昔的榮光搶救出來一絲一毫。往昔是如此遙遠，如此神祕；它的蹤跡要是仍然存在，那該到何處去尋覓？獨自一人，無依無靠，沒有別人指引，能有所發現嗎？能找到熄滅的灶床，在灰燼

高更，「跳舞」，1891年，畫布、油彩，73 cm×92.1 cm，耶路撒冷美術館藏

的中央重新點燃起火光來嗎？

不管如何沮喪，都不能輕易放棄，我沒這個習慣。很快我就下定決心：不把所有的法子試盡，不到山窮水盡的地步，決不善罷甘休！

走出帕皮提，遠離歐化了的居民中心。我預感到，只有到鄉間去，和土著居民完全打成一片，耐心堅持下去，才能夠解除那些人的疑慮，從而獲得真知。

一位憲兵軍官熱情地把他的車子和馬匹借給我。於是，一天清晨，我出發了，去尋找我的茅屋。

我的女伴與我同行。她叫迪迪，英語說得不錯，法語只能講一點點。出發那天，她穿起最漂亮的衣裳，按照毛利人的習俗，在耳朵上插了一朵鮮花，戴上她自己用甘蔗纖維編成的小帽，小帽上除了一圈草編花環，還綴著黃橙色的貝殼。她的一頭烏髮鬆散地披到肩上。她充滿了自豪感：乘車出門，她感到自豪；長得漂亮、有風度，她感到自豪；做一位她認為有錢有勢的男人的女伴，她感到自豪。此時此刻，她的確很漂亮，她所表現出來的全部

大溪地島的沿海風光

高更，「大溪地島上的人」，19.7 cm × 25.9 cm

自豪裡，沒有一點可笑之處，莊重的神情很適合在這個種族的臉龐
上出現。漫長的封建歷史，再加上他們對古代偉大首領的懷念，使
大溪地人保存著一種驕傲與自尊的習俗。

　　她的愛情當然不無個人利害考慮，這我心裡是有數的。對一個
完全是歐洲腦瓜子的人說來，這種愛情，比起一個妓女的殷勤來，
分量大不了多少。然而，我不這麼看。她的眼睛、她的嘴，是不會

騙人的。對於所有的大溪地女人，愛情是她們血液的成分，愛情是她們本性中固有的基本因素；出自利害考慮或不出自利害考慮，愛情總歸是愛情。

一路平安無事，走得很快。偶爾隨便聊上幾句話，此外便是默默地觀察路上豐富多彩而又單調的風光。大海總是在我們的右邊。海面上環列著珊瑚礁；浪頭突然湧起，向礁石撲過去；浪與石撞擊的 那間，迸發出一股白色的煙霧，激越升騰。

中午時分，我們走完了四十五公里的路程，抵達了馬達依埃亞縣城。

我到處走了走，最後看中一座相當漂亮的草房，主人願意租給我，他自己將在附近另建一座自住。

第二天晚上，我們回到帕皮提。迪迪問我同意不同意帶她去。

「你晚些時間再去吧。過上幾天，等我安頓好再說。」我心裡明白，這位具有白人血統的姑娘，跟歐洲人接觸太多，把自己種族的特性忘記得差不多了。我想瞭解的，她不可能告訴我；我所追求的那種特殊幸福，她不能給予我。再說，我知道，在內地，在鄉下，我要找什麼樣的都能得到，可以不費力氣地任意挑選。但是，鄉間畢竟不同於城裡……

我生了病，已經好幾天了。去年冬天在巴黎得了氣管炎，沒有除根，又復發了。我孤獨地待在帕皮提。這沒關係，要有耐心，不久我就要到那兒去了，只有四十五公里的路程。

「依呀——噢啦——納，高更。」

隨著這聲音走進我房間的是位公主。我正在床上躺著，腰間只圍著一條大溪地人的纏腰帶，又窄又薄。這樣的裝束怎能接待一位有身份的女人？

高更，「美妙的大地」，1892年，畫布、油彩，92 cm×73.5 cm，日本，大原美術館藏

「你病了。」公主說道,「我來看看你。」

「你叫什麼名字?」我問道。

「瓦伊圖阿。」

瓦伊圖阿是位真正的公主。當然,歐洲人來了之後一切都受到貶低,再高貴的也超不過歐洲人的地位。目前的事實是,公主來了,赤著雙腳,耳上戴朵鮮花,身著黑色衣裙。她仍在為他的伯父、剛剛去世的包馬雷國王穿著孝服。她的父親名叫塔馬陶阿。塔馬陶阿與歐洲人不可能沒有接觸,他也應邀參加過不少隆重的宴會。然而,這一切並未改變他的本性,他的願望僅僅是做一名堂堂正正的毛利人,怒火中燒時毫無顧忌地砍殺;歡樂時,趁著酒興,必吞食人肉方能盡興。

大家都說,瓦伊圖阿長得很像她父親。

我和所有頭戴白盔來到這裡的歐洲人一樣,嘴角掛著懷疑的微笑,眼睛直盯著來訪的土著。但是,我希望多少禮貌些,便對這位被廢黜的公主說道:

「你來看我,真是太好了。一起喝點苦艾酒吧,好嗎?」說著,我指了指酒瓶。這瓶酒是不久前才買的,用來招待客人。

她冷冷地、毫不矯揉造作地朝放酒瓶的地方走去,彎下腰拿起酒瓶。她那細薄而透亮的衣裙,這時繃得緊緊的。特別是胸部,那兩個大乳頭,好傢伙,簡直能經得住所有的人。絕對沒錯,這是一位公主。她的祖先一定都是些雄健勇武的巨人。她那寬厚有力的肩膀上,結結實實地長著個腦袋。那下巴,非吃人生番不能長成那個樣子;那兩排牙齒,像是隨時準備撕咬;那不可捉摸的眼神,應是狡猾的野獸所特有的。我只看了幾眼,便移開了視線。前額倒是挺美,顯得高貴。不過,總的來說,我覺得公主長得太醜了,但願她別坐在我的床上;單薄的床架絕對經不住我們兩個人的重量。可她

偏偏坐到了床上。一陣響亮的咯吱聲過後，床終於穩了下來。我們一邊喝酒，一邊互相介紹自己的情況。話並不十分投機，不斷有冷場出現，使我感到窘迫。我打量她，她也看著我。一瓶酒很快就所剩無幾了。瓦伊圖阿喝起來，可是真喝。時間過得真快，太陽就要落山了。瓦伊圖阿卷了一枝大溪地煙，接著便躺了下來。兩隻赤腳抓弄著床幫，就像老虎的舌頭舐著一個人的腦殼。面部表情也奇怪地變得溫柔、活潑。我把她想像成一隻大貓，臥在那裡呼嚕呼嚕地

高更，「大溪地的女子」，木刻畫

高更，「大樹」，1891年，71.5 cm×91.5 cm，美國，克里夫蘭美術館藏

哼哼著，腦子裡捉摸著開始撩撥她的嚇人的欲念。人的看法變得真
快。這時我又覺得她美，非常地美。她結結巴巴地對我說：「你是
個美男子。」這時，一股熱流傳遍我的身體，我局促，不知如何是
好。顯然，顯然……公主真是秀色可餐啊！

　　她用莊重而洪亮的聲音，念起拉封丹的寓言詩《知了與螞

蟻》，竟一口氣把全文背誦下來。

（她不禁幸福地回憶起在修女們那裡受教育時的童年生活。）

煙草變成清煙燃燒完畢。公主站了起來，說道：

「高更，你知道嗎？我不喜歡你們那個拉封丹。」

「怎麼？不喜歡？可我們稱他是善人拉封丹呢。」

「可能他很善良。但那些討厭的訓誡，惹人煩。螞蟻啊！（這時，她一撇嘴，露出輕蔑的神情。）知了啊！我多麼喜歡知了！唱歌是美好的，又美又好。永遠歌唱，永遠給予。永遠，永遠。」

停了一會兒，她又充滿自豪地說道：

「我國曾是個多麼美好的王國。那時，人和土地一樣慷慨地獻出善心，我們一年到頭不停地歌唱。

「可能苦艾酒我喝多了，我走了，再不走要做出蠢事來的。」

在花園的門口，有個年輕人招呼瓦伊圖阿。此人屬於那種類型的青年：他們什麼都知道，可又什麼也不知道。在辦公室裡，大家稱他們是「作家」，並且不斷地評論他們。

瓦伊圖阿罵了一聲「烏里（狗）」，走開了。

我又躺下，頭放在枕上，耳朵裡像有潺潺的流水，輕柔地鳴響著這句話：

「依呀——噢啦——納，高更。」

「依呀——噢啦——納，公主。」

我該休息了。

　　我已經離開帕皮提，到了馬達依埃亞縣定居。這裡一邊是大海，一邊是高山。高山張著大嘴——一個可怕的縫隙正對著縣城；不過，有一大片芒果樹林鬱鬱蔥蔥，把縫隙堵得嚴嚴實實。我的木屋就在山石與海水之間，旁邊還有一間吃飯的屋子，相當矮小，當地人稱做「法萊——阿木」。

　　一天清晨，我凝神注視大海。岸邊有條獨木舟，裡面坐著一位女子；岸上，有株快要枯死的椰子樹，看上去活像一隻大鸚鵡，金黃的尾巴下垂著，爪間抓著一大串椰子。樹旁站著個男人，赤身裸體，幾乎一絲不掛。他雙手舉起一把沉重的斧頭，姿態和諧而靈敏。斧子在銀白色的天幕上劃出一道藍色的印痕，又落下來砍在枯死的樹幹上。樹幹還會復活：一百年來，日積月累聚集在裡面的熱量，會隨著一陣烈焰發散出來的。

　　在絳紫色的地面上，散落著一些長長的樹葉。它們拳曲著，呈明黃色；看上去像是遙遠的東方哪個國度的文字。我似乎辨認出「阿圖阿」（上帝）這個大洋洲的詞；還有寫作「如來」的另一個詞，發源於印度，現在傳遍全世界，在一切宗教裡都能找到它的影子……

　　「在如來眼中，所有國王與一切達官貴人的豐功偉績，只不過是些痰唾和糞土；

　　在如來眼中，清純與混濁就像六位那加人在跳舞；

　　在如來眼中，尋求佛祖之道如同遍地開花一般……」

　　獨木舟裡，那位女子還在整理漁網。珊瑚礁前，湛藍的海水湧起波浪：高高的波峰泛著綠色，打破了藍色的一統天下。

　　那天傍晚，我獨自走向海邊，坐在沙灘上吸煙。

高更，「拿斧頭的男人」，1891年，畫布、油彩，92 cm×69 cm，私人收藏

莫雷阿島上像古堡般的山峰

　　不知不覺太陽已經落在地平線上，在我右手的莫雷阿島把它的赤輪擋住了一大半。火紅的天幕上，山巒的身影格外濃重；強烈的明暗對比中，山峰像一座座築有雉堞的古堡，威武雄壯地屹立著。

　　在這些自然景觀前面，我怎麼竟想到與封建時代有關聯的事物上去了？那邊的一座山峰像個碩大的雞冠狀盔頂飾。海浪在它周圍咆哮，像一大群人的嘈雜與喧鬧。過去的榮光都已化做廢墟，惟有這件雞冠盔飾巍然挺立，與蒼天為鄰，波濤終究奈何不得它。

　　一道隱蔽的目光從那上面射入大海的深處。芸芸眾生觸及了科學之樹，犯了罪，犯了胡思亂想的罪，現在已經被大海吞噬。這個盔飾下面也有一個頭顱；我覺得它和斯芬克司有一種說不出來的相

像之處。你看，那道寬寬的裂縫，不就是它的嘴嗎？你看，那嘴角的笑意，不正向埋葬著往事的波濤莊重地投去譏諷與憐憫嗎？夜幕完全閉合了，莫雷阿島進入了夢鄉，寂靜包圍著我。今天總算領略到了大溪地島上夜的寂靜。

我所聽到的，只有我自己心臟的跳動。我躺在床上，如水的月光從窗外流瀉進來。遠處的蘆葦排列整齊，每一株與我這小屋的距離看上去都是相等的。似乎有一件樂器在鳴響，確切地說是古老的蘆笛，大溪地人把它稱做「維沃」。這件樂器白天沒有一點聲音；到了夜晚，月光之下，它把白天貯存起來的最受歡迎的曲子一一吹奏出來。這樂聲伴我進入了夢鄉。在蒼天與我之間，別無它物，只有用露兜樹葉搭成的高大而輕便的屋頂；屋頂裡面恐怕只有蜥蜴在爬動。睡夢中，我能夠想像出我頭頂上的自由空間，那天穹，那滿天的星斗。歐洲的房屋都是些監牢；我遠遠地離開了那些監牢。毛利人的茅屋不會把一個人從生活裡放逐，不會把一個人從空間與無限中刪除。

夜色降臨的大溪地島

　　然而，我不無孤獨之感。全縣的居民都在觀察我，我自己也在觀察他們，我們之間的距離沒有縮短。

　　又過了兩天，帶來的食物便所剩無幾了。怎麼辦？我原以為，只要有錢，生活必需品是不會缺少的。我錯了。要生活，必須向大自然索取。大自然既富有又慷慨。誰向它請求一份財富，大自然總是來者不拒，打開它的寶庫。這些寶庫在樹上、在山裡、在海中。但是，必須會爬樹，爬那些高大的樹木；必須進入深山，背著重荷走出來；必須去捕魚，敢下海，能從海底把緊緊地附著在岩石上的貝類捕撈上來。

　　原來，我這個開化了的文明人竟比不上周圍的野蠻人。此時此地，與大自然無緣的金錢，竟毫無用處，不能使人獲得大自然所出產的最基本的財富。我腹中空空，愁眉苦臉地琢磨我的處境之艱難。一抬頭，看見遠處有個本地人，指手畫腳地朝我喊叫著什麼。那是一位鄰居，他的手勢很有表現力，把他的話完全翻譯出來了。原來，他是叫我到他家去吃飯。礙於臉面，我搖了搖頭，謝絕了。過了幾分鐘，一個小女孩走過來，把一團用新鮮樹葉包起來的食物放在門口，一句話也沒說，扭頭走了。我餓了，也就不聲不響地接受下來。過了一會兒，那個男子走到我的茅屋前，沒有停步，只朝我微笑，並說了一聲：「巴依呀？」從他詢問的語調裡，我猜想他一定是說：「你滿意嗎？」

　　這是我和這裡的野蠻人互相供應的開始。野蠻人！每當我打量這些皮膚黝黑、長著一嘴吃生人肉的牙齒的活物，這個詞便立刻湧到我的嘴邊。

　　不過，我漸漸地理解了他們真正的風韻。在一叢吉羅蒙樹寬大的綠葉下，有一個小男孩，小腦袋瓜上長著褐色頭髮，兩隻眼睛透著

高更，「花」，1891年，畫布、油彩，72 cm × 92 cm，聖彼德堡，艾爾米塔什博物館藏

平和與寧靜，他正在打量我，我沒有覺察。當我偶一回頭，兩雙眼睛
相遇，小傢夥便爬起來，一溜煙跑遠了。就像他們是我觀察的對象一
樣，我這個陌生人，既不懂他們的語言又不瞭解他們的風俗習慣，連
生活裡最基本、最自然的技能都一竅不通，我也成了他們觀察的對

象。我覺著他們是「野蠻人」，他們也把我當成「野蠻人」。在這個問題上，錯誤的恐怕是我。

我開始工作了：不是記筆記，就是畫各式各樣的草圖。這裡的景物，色調明快而熱烈，使人眼花繚亂、目不暇接。過去作畫，總是舉棋不定，真是自討苦吃。到了這裡簡單多了，看到什麼畫什麼，不必多加算計，只要往畫布上塗一塊紅、一塊藍就行了！在溪水中，有整塊整塊的金黃色流光，賞心悅目。還猶豫什麼？為什麼還不趕快把代表太陽喜悅的金色傾倒在畫布上？——不屑於此！那

高更，「交談」，1891年，畫布、油彩，70.7 cm×93 cm，聖彼德堡，艾爾米塔什博物館藏

是歐羅巴的陳規陋習！是墮落了的種族在表現上的羞怯！

為了掌握大溪地人面部表情如此特殊的個性，表現毛利人笑容中的特殊魅力，我長久以來就想給我的一位女鄰居畫幅肖像。這個女人具有非常突出而純粹的大溪地風韻。

一天，時機來到了。這位女鄰居膽子突然大起來，跑到我的茅屋來觀賞油畫作品的照片，對其中一幅《奧林帕斯女神》表現出特別濃厚的興趣。

「你覺得這張畫怎麼樣？」我問女鄰居。幾個月來，我沒有說法語的機會，因而學會了不少大溪地語詞句。

「她非常美。」女鄰居回答道。

聽了她的評論，我笑了，內心不由地激動起來。這個女人的審美感多強啊！可是，美術學府裡的教授們又將做何感想？她打破我這段思考造成的無言局面，突然問道：

「這是你的女人嗎？」

「是。」

我怎麼撒起謊來了？竟成了奧林帕斯女神的「達內（丈夫）」！

趁她以很大的好奇心審視幾幅義大利早期文藝復興畫家的宗教畫的時候，我畫了起來，盡力把她那高深莫測的笑意勾勒出來。她覺察後，煞是難看地把嘴一噘，以近乎惱怒的聲調叫了聲「阿依達（不）」，扭頭便跑。

一小時以後，她又來了：身上穿著一件漂亮的連衣裙，耳朵上插著一枝鮮花。

她的頭腦裡到底發生了什麼變化？為何又重來我這裡？是抗拒一陣之後又馴順起來的賣弄風騷之舉？抑或是禁果的吸引力在起作用？也可能是毫無明確動機的心血來潮，毛利女子就是這麼個脾氣。

高更，「持花的女子」，1891年，70 cm×60 cm，
哥本哈根，新卡斯堡美術館藏

我意識到，作為一個畫家，在審視模特兒的外部形體時，我已經深入到她的內心世界裡去了；我那觀察的目光似乎飽含著肉體的佔有慾，像是一陣陣無言卻十分急切的撩撥，又給我一種終於把物件絕對征服了的滿足感。

其實，按照歐洲人的審美規範，她長得並不漂亮。不過，她確有一種美的氣度。她的容貌，曲線相交，具有拉斐爾式的和諧；雕塑她雙唇的，一定通曉所有思維、親吻、歡樂與苦痛的語言。從她身上，我不但「讀」到了對陌生人的疑懼，還玩味出一種攙和著快感的苦澀與辛酸；她表面上消極馴順，實際上局面仍然由她的意志所主宰。

我總覺得這一意志並不穩定，瞬息可變，便趕緊往下畫。畫得匆忙，但筆觸裡充滿激情。可以說，這幅肖像上所畫的，無不是我的心允許我的眼睛所看到的；也許，說得更明確些，可能是我的肉眼所看不到的。那是一種被克制的力所放射出來的烈焰……她的前額顯得高貴；幾根隆起的線條使人想起愛倫·坡〔愛倫·坡（1809—1849）美國詩人、作家兼評論家。〕的那句名言：「在比例的分割上沒有某種特異之處，便談不上完全的美。」啊，她耳上戴著的鮮花正在傾聽其自身的芳香〔參見高更的畫作：《持花的女子》（*Vahine no te Tiare*）。〕。

現在，我作畫更自由、更方便了。

然而，孤獨感仍在困擾著我。我曾與好幾個年輕女子邂逅，她們有平靜的眼神，都是純粹的大溪地血統。她們之中，或許會有一個願意跟我共同生活。但她們每一個都希望被按毛利人的方式「抓」過去，一言不發，猛烈地抓過去。某種意義上講，她們每一個都希求被強姦。在她們面前，至少在她們當中那些沒有跟男人共同生活者的面前，我真感到膽怯：她們看包括我在內的男人的時候，是那樣的坦誠

高更,「大溪地的女人頭像」,
1895—1903年,炭筆畫,紙,
46.6 cm×32.4 cm,
美國,芝加哥藝術中心藏

大膽、那樣的莊重自尊、那樣
的勇敢豪邁。

　　另外,據說她們身上有
病。那種病是歐洲人最早帶給
野蠻人的文明因素,也許是最
主要的因素。

　　因此,儘管老人們常常指
著她們當中的某一個對我說:
「毛烏,泰拉」(「抓」這個
吧),我卻沒有必要的勇氣與
信心。

　　我傳話給迪迪,說她來這
裡我會滿心喜歡地接待她。她
在帕皮提的名聲令人毛骨悚
然:人們說她一連埋葬了好幾個情人……

　　她來了。然而我的願望沒有實現。這個女人已經習慣於官員們
的豪華生活,她陪著我,我更心煩。啊,從這當中,我看到自己朝著
「野蠻」的方向有了長足的進步。幾個星期過後,我們分手了。迪迪
和我,不可挽回地分手了。

　　我又孑然一身了。

死亡與重生

Chapter 2

死亡與重生

幾乎所有的鄰居都成了我的朋友，我穿的、吃的都和他們沒有區別。我不寫、不畫的時候，也和他們一樣，過著懶洋洋但是樂呵呵的生活。而他們並不總是這個樣子，有時會一下子變得莊重、嚴肅起來。

夜晚，男人、婦女和兒童，分成幾組，坐在灌木叢前；椰子樹蓬頭散髮，居高臨下地注視著人群。這裡有大溪地本島的人，也有來自湯加群島、奧萊島及侯爵夫人島的人。他們的皮膚色調深暗，與四周蒼翠的樹葉搭配得異常和諧。從他們強壯的胸腔裡發出一種震顫的旋律；顫音碰到椰子樹粗糙的樹幹上，強度慢慢地弱下去。第一位女歌手率先唱了起來，歌聲像只矯健的飛鳥，騰空而起，凌駕於篝火的精靈之上，時而直指雲霄，時而盤旋回翔，有時又猛然向下俯衝。其他人像忠實的衛星，拱衛著女明星，伴唱和鳴。唱到一定時候，男人們發出一聲整齊的狂吼，與女歌手的主音配合和諧；隨著這聲野蠻的喊叫，歌聲戛然而止。這就是大溪地人的歌，借用一個法文詞，稱做「頌詩」。

高更，「午後」，1892年，畫布、油彩，72.3 cm × 97.5 cm，
聖彼德堡，艾爾米塔什博物館藏

　　有時候，大家也集合到一間公用的大茅屋裡唱歌、聊天，這
就要先祈禱。有一位老者一本正經地誦經，他念一段之後，大家跟
著重複某些疊句。祈禱完畢才能唱歌。有時候也講故事，逗大家發
笑。偶爾也談論一些嚴肅的事情，提出一些明智的建議。

　　一天晚上，有位老人提出這麼一條建議，我聽了頗感驚奇。

　　「咱們村裡，」老人說道，「近來不時有房屋倒坍；有的屋頂糟朽、裂縫、漏雨。這是為什麼呢？人人都應該有避風雨的地方嘛。造屋頂又不缺木頭和樹葉！我建議：大家一塊兒幹；用不了多少時間，就能蓋起一批寬大、堅固的房子。大家互相幫助，輪換著出工嘛！破房子就不要住啦！」

　　在場的人都鼓起掌來，異口同聲地說：「對，就這麼辦！」

　　老者的建議付諸表決，一致通過。

　　當晚，回家的路上，我感慨萬分，心裡想：「這裡的人是多麼明智啊！」

高更，「哈埃勒・馬伊」（大溪地風光），1891年，畫布、油彩，72.4 cm×91.4 cm，紐約・達哈沙藏

高更，「大溪地生活的場景」，1896年，畫布、油彩，90 cm × 125.7 cm，
聖彼德堡，艾爾米塔什博物館藏

　　可是，第二天我前去打聽何時動工，卻發現此事已被置諸腦
後，沒有一個人放在心上。我問起來，人家只是支吾搪塞地笑一
笑；這微笑，在他們寬闊的前額上堆起幾條意味深長的皺紋，使本
來就充滿幻想的神情更增加了幾分迷惘。我不再提了，心裡卻充滿
了種種紛雜而難以協調的念頭：老者的建議受到歡迎是有道理的。
但是，他的建議不付諸實施，可能也是有道理的。何必勞累呢？大
溪地的神們會給善男信女當日之糧的。明天嗎？也許會有明天。然
而，明天太陽仍會升起，和今天一樣，太陽還會和今天一樣樂善好
施，從容不迫。這種態度，到底出自無憂無慮的天性，還是由於輕
率？抑或這裡面包含著最深刻的哲理？力戒奢華，決不可染上奢侈
的習氣，要防患於未然嘛！

　　我的境況一天天好起來，還學會了當地人的話。他們所說的，我差不多都能聽得懂。我的鄰居們——有三家住得很近，其他遠近不等，且為數不少——不把我當外人看待。我的雙腳經常和石子碰撞，腳掌長滿厚繭，赤腳在土地上走也非常自如了。衣服穿得很少，幾乎終年赤身露體，太陽再毒，也不怕曬了。

　　文明慢慢地從我身上消退，我的思想也變得單純了。對鄰居們的怨恨現在所剩無幾；相反，我開始喜歡他們了。我的生活自由自在，既有動物性的一面，又有人性的一面，其中自有無窮的樂趣。我逃離了虛假與矯飾，進入自然之中。我堅信明天會和今天一樣，一樣自由，一樣美好。安寧降臨我的心中，我各方面一切正常，種種無謂的煩惱皆不復存在。

　　我交上了一個好朋友。是他主動找我，當然並無不純的動機。這是一個小夥子，住在附近，性格淳樸，長得也很有活力。我那些五顏六色的畫，以及我在樹林裡作畫的情景，使他驚奇與困惑。他跑來問這問那，我的回答他似乎聽進去了，並有所領悟；於是，他每天都來看我畫畫或雕刻。

　　到了晚上，我不工作了，我們倆便聊起天來。年輕人名叫若特發，真是個小野人，歐洲人的事情什麼都想知道，特別是在愛情方面，他的問題常常使我不好意思啟齒作答。然而，他回答我的問題比向我提問還要天真。一天，我把工具遞給他，叫他也試著雕刻一件什麼東西。聽了我的話，他竟驚訝得愣住了，久久地望著我。最後才說，我跟別人不一樣，別人是不會像我這樣待人接物的。他說得樸實，絕無半點虛情假意。就我記憶所及，若特發是用這種語言同我講話的第一人。這是孩子的語言。是啊，除了孩子之外，誰還設想得出一個畫家幹的也是正事，也會有些用處……

高更，「大溪地三人行」，1898年，畫布、油彩，73 cm×93 cm，
愛丁堡，史柯特蘭德國家畫廊藏

　　一次，我需要一株玫瑰樹，雕刻一件什麼東西，樹幹要實心
的，越粗越好，便求助於若特發。

　　「那得到山裡去，」若特發回答道，「山裡有那麼個地方，我
知道，有不少棵這種樹，長得又高又粗。我可以帶你去，想砍哪棵
就砍哪棵，咱們倆把它拉回來。」

　　我們一大早就動身了。大溪地的羊腸小徑太崎嶇了，對一個歐
洲人來說，真夠難為。前面聳立著兩座山峰，直上直下，全是玄武

岩石塊，像是兩堵無法攀登的牆壁。兩峰之間是一道深深的裂谷，谷底有條湍急的溪水，在石塊間曲折穿行。那些散亂的石頭，一定是什麼時候山洪暴發，被大水沖落下來的。就是現在，水流仍然移動著它們的位置，水流小時讓它們暫時留在那裡，過些日子再推，以便有朝一日把它們統統滾進大海裡去。

高更，「小舟與大溪地男人」，1896年，版畫，20.4 cm×13.6 cm，貝爾格勒美術館藏

高更，「怎麼，你嫉妒啦？」，1892年，畫布、油彩，66 cm × 89 cm，
聖彼德堡，艾爾米塔什博物館藏

　　河床上有很多落差相當大的瀑布，我們只好沿著水邊，在盤
根錯節的樹叢裡艱難地行進。說沒有路吧，又似乎有那麼一點路的
意思。什麼樹都有：麵包樹、鐵樹、露兜樹、布拉奧樹、椰子樹，
還有種種形狀嚇人的蕨類植物，真是一片瘋狂的植物世界。越往上
攀登，越是接近島子的腹地，林木越密、越野，後來竟成了一團亂
麻，糾結纏繞，梳理不開了。

　　我們倆赤身露體，只在腰間圍著一塊布，手裡拿著斧頭，不時橫

高更,「黃色背景下的三個大溪地女子」,1898年,畫布、油彩,64 cm×74 cm,
聖彼德堡,艾爾米塔什博物館藏

穿溪水,為的是利用對岸的一截小路。其實,哪裡有什麼路?如果有
的話,肉眼是一點兒也看不出來的。空間裡無處不是草叢、樹葉、花
朵,混雜中顯得壯麗輝煌。路,是我的夥伴用鼻子聞出來的。

寂靜，一片寂靜。亂石間流水單調的嗚咽，是伴奏，使寂靜更加完全，更加純粹。

在這美妙的榛莽裡，只有兩個人，活動於孤獨與寂寥之中。

他，那麼年輕；我，幾乎是個小老頭，心靈裡凋謝過不知多少夢幻的花朵，身軀上留下了不知多少勞累的痕跡，另外還有個道德與身體都病入膏肓的社會遺傳給我種種源遠流長的邪惡與毛病。

他走在前面，身子像動物一般靈敏，各個部位都十分勻稱；從後面看上去，給我以集兩性於同體的感覺，似乎包圍著我們的植物界的

高更，「山腳下」，1892年，畫布、油彩，68 cm × 92 cm，
聖彼德堡，艾爾米塔什博物館藏

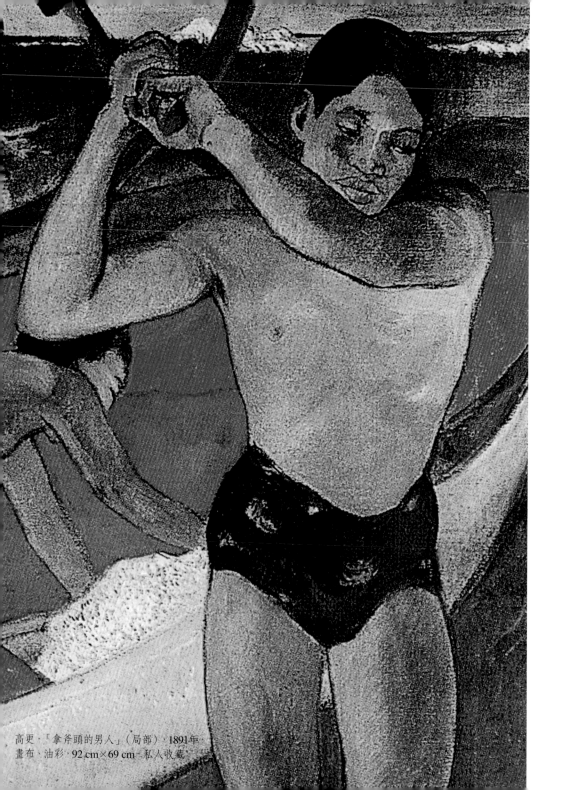

高更,「拿斧頭的男人」(局部),1891年,
畫布、油彩,92 cm×69 cm,私人收藏

壯美完全體現在他身上了。從他身上集中體現出來的這一壯美裡，揮發、擴散出一種美的芬芳，使我的心靈陶醉。在這芬芳裡，還混合著一種特別強烈的氣味：我倆之間相互吸引而產生的友情。這是單純物與複合物之間的吸引。

走在我前面的是個男人嗎？在這些不穿衣裳的部族裡，就和在動物群裡一樣，兩性間的外在區別並不像在我們的氣候條件下那麼明顯。我們突出了婦女的柔弱，看上去是使她們避免了勞累，實際上我們同時也剝奪了她們鍛鍊與發展的機會。我們是按照一種崇尚纖弱的虛假理想來塑造女子形象的。

而在大溪地，森林與海洋的空氣給所有的人以強壯的肺葉、寬闊的肩膀和有力的雙腿。海灘上的卵石和天空中的太陽，對所有的人一視同仁。女人和男人做一樣的工作，男人和女人一樣地慵倦與無憂無慮。女人都有雄渾與陽剛的一面，男人身上也不乏嫵媚的氣質。兩性間這種相似之處，給男女之間的關係提供了便利。再加上大家都永遠赤裸著身體，這種關係更保持著一種完全純潔的性質。在他們的風俗裡，性愛根本沒有文明人那種羞羞答答與遮遮掩掩的情調。大家一覽無餘，沒有陌生的概念，沒有神祕感，誰也沒有特權，是男是女一個樣，誰也不佔便宜，誰也不受損害——本來我們文明人那套玩意兒就是遮羞布，是掩蓋性虐待狂的遮羞布。

既然在兩性外表區別不突出的「野蠻人」中，男女之間既是朋友又是情人，而且完全排除邪惡這一概念，為什麼此時此刻，這個文明之邦來的老傢伙，卻抵擋不住「陌生人」威望的誘惑，突然想到邪惡上面去了？——我湊了過去，太陽穴蹦蹦直跳。就我們兩個，沒有別人。我已經預感到了罪惡……

這時，路到了盡頭。我的夥伴打算橫過溪流到對岸去，便轉過身來，前胸朝著我，近在咫尺。

頃刻間，兩性人消失了。我面前站著個小夥子，一個年輕男子；眼神天真無邪，像平靜的水面，閃著明澈的亮光。

我跟著下到冰涼的溪水裡，寧靜頓時回到我的心田。我感到一種無以名狀的快感：既是肉體的，又是心靈的。

「陶埃陶埃（真涼啊），」他對我說。

「噢！沒什麼。」我回答道。

這聲驚歎結束了我思想中剛剛進行的一場鬥爭，一場反對墮落了的文明鬥爭。一聲「噢」引出了山峰響亮的回聲。大自然理解我，大自然在傾聽我。現在，經過鬥爭，我勝利了，大自然便以洪亮的嗓門告訴我，它歡迎我，把我當成它的兒子。

我猛地鑽進灌木叢中，似乎希望與廣闊的大自然媽媽融合在一起。而我身邊的夥伴並沒有停下來，眼神還是那麼平和與寧靜。他什麼也沒有覺察到：我獨自肩負著壞思想的重荷。

目的地終於到了。高聳的石壁在這裡形成一個喇叭口；越過一道茂密的林木屏障，裡面豁然開闊，竟是一片平地。平地上長著十來株大玫瑰樹，樹冠異常寬廣。我們選中一株最好的，掄起斧頭砍起來。要找一枝適合雕刻用的玫瑰木，非得把整棵樹砍倒不可。我使出渾身的力氣，掄起斧頭劈下去。幾斧頭過後，虎口震裂流出鮮血，然而，這時候我像發了狂，什麼也不管不顧了，似乎不這樣不足以壓住我內心那股來自神靈的暴怒。我砍的不是樹。我想砍的也不是樹。一棵樹砍倒在地後，我還不願停手，還希望聽到利斧敲擊其他樹幹的樂音。隨著嘹亮的砍砸節奏，我似乎聽到斧頭對我吟唱：

砍啊，砍，把情欲的森林齊根砍倒，

乾乾淨淨，一棵也不剩。

砍啊，砍，把你心中的自愛自憐統統砍掉，

就像秋風裡，人們用手把蓮藕拔掉。

文明之邦的老頭被砍倒了，事實上，他真真切切地不存在了，他死了。我正在獲得新生，或者，更確切地說，在我身上，一個純潔而強健的新人正在出生。這是場殘酷的衝擊，它可能導致與文明、與惡的最終告別。我覺得，在每個墮落的靈魂裡蟄伏著的道德敗壞的本能，一下子現出原形，無比的醜陋與惡劣，達到了與我剛剛獲得的清純壯美的光明分庭抗禮的程度。在這場旗鼓相當的對峙中，道德敗壞的本能沒有占上風，反而使我剛剛獲得的健康、淳樸的生活顯示出前所未見的魅力，這場內心的較量是決定我向哪邊倒的大搏鬥。而鬥爭的結果，我終於脫胎換骨，成了另外一個人，一個野蠻人、毛利人。

在往回返的路上，若特發和我內心寧靜而欣慰，肩上扛著沉重的樹幹：諾阿，諾阿！

到達我的茅屋前，真是筋疲力盡了。這時，太陽還沒有落山。

若特發問我：

「你高興嗎？」

「當然。」

我內心深處不斷重複著：當然，當然……我久久不願砍鑿這塊木頭。我聞了它不知多少次，一次比一次用力。這是勝利的芬芳，是返老還童的馨香。

順著大溪地最大的裂谷——普納盧烏河谷往上走，就能到達特答馬努臺地。從那裡可以望見全島的中心：冠冕峰、奧羅海納峰與

高更，「大樹」，1891年，畫布、油彩，73 cm × 91.4 cm，美國，芝加哥藝術中心藏

高更,「香蕉餐」,1891年,畫布、油彩,73 cm×92 cm,巴黎,奧賽美術館藏

阿奧萊峰。我聽不少人講過那個地方,便決定獨自去一趟,一個人在那裡待上幾天。

「到了黑夜,你怎麼辦?」

「都帕巴烏會出來折磨你的!」

「你太不知天高地厚了,要不就是發了瘋。驚擾了山裡的鬼怪可不是鬧著玩兒的!」

土著朋友們好心關心我,替我擔憂,這反而刺激了我的好奇心。

一天清晨,我終於出發了。

　　沿著普納盧烏河走了將近兩個小時，總算有條小路可循。再往上走，就困難多了；好幾次，不得不涉水到對岸摸索前進。兩岸山坡越來越陡；好幾處，突出的石壁一直伸到河中央。我最終不得不下到河裡，逆水上行。水有時不深僅及膝蓋，不少地方卻又沒了肩膀。

　　峽谷窄處，兩面山岩壁立對峙，仰觀藍色天穹，僅剩一線隙縫，陽光幾乎射不進來，白日裡竟晦暗得似乎能看見星星。

　　五時許，天真的黑了下來。我開始留心找地方過夜。不久，看見右前方有塊比較平坦之處，上面密密麻麻長滿蕨類植物，還有野香蕉樹及布拉奧樹。總算走運，我采到幾個熟了的野蕉，便連忙撿了些木頭，點起火來，烤野蕉充饑。「晚餐」過後，采了幾片蕉葉，橫七豎八地披在一棵樹的枝椏上，算是搭成個防雨的棚子。然後，就躺在這棵樹下，睡覺了。

　　涼氣隨著夜色濃重起來。白天我又過水，躺著躺著竟打起寒顫來，根本睡不著覺。我在斧頭上拴了根繩子，另一端繫在我的手腕上。不可不防：說不定真有野豬或別的什麼獸類過來咬我這個活人的腿。天黑得伸手不見五指。然而，就在我的腦袋旁邊，卻有一些發著磷光的塵霧在飄動，我不禁驚詫起來。可是，想到毛利人講過的那些鬼故事，我又笑了。都帕巴烏晝伏夜出，專門吞食睡熟的生人。他的京城就設在大山的正中，四周有森林圍繞，一絲光線也透不過去。都帕巴烏就在這黑暗的王國裡繁衍；另外，人一死，靈魂都要來這裡報到，擴大都帕巴烏的隊伍。活人冒險闖入這一魔鬼的禁區，那就活該倒楣！而我，此時此刻，就是這麼個莽漢子。你想，我會睡得踏實，能做成好夢嗎？

我後來才知道，這種發光的塵埃是從一種特別的蘑菇上飛出來的。這種菌類生長在陰濕處的枯枝上，剛才我拾來點火的樹枝上說不定就有。

第二天黎明，我又上路了。

河越來越起伏跌宕。一會兒是潺潺細流，一會兒又像山洪咆哮，還有眾多的飛泉流瀑，而且越來越回環曲折。經常找不到路，也開不出路，只好手足並用，從一個樹枝到另一個樹枝，很少得以沾一下地面。

水中，個頭大得出奇的蝦在望著我，似乎要質問我：「你來幹什麼？」百年的鰻魚，等我走近，又忽而遠遁。

突然，在一個急拐彎處，我望見一個裸體的少女，站在石壁前，雙手張開，像是扶著石頭，更像輕輕地撫摸石壁。高處石縫間湧出一道泉水，姑娘正在痛飲。她喝了個夠，便停下來，雙手接了一捧水，放

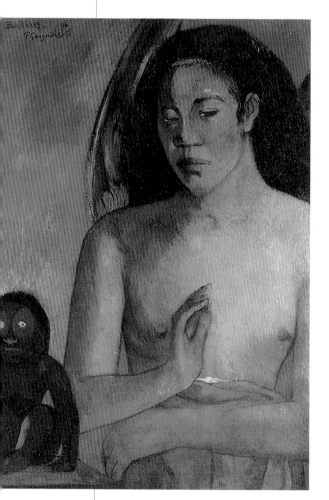

高更，「未開化人的詩」，1896年，畫布、油彩，64.6 cm × 48 cm，美國，哈佛大學福格美術館藏

到胸前，讓水從乳房中間流下去。猛然間──我並沒有發出任何聲響──只見她像一隻提心吊膽的羚羊，本能地猜到生人逼近，斜揚起頭來，朝我藏身的樹叢窺視。我們的視線並沒有交會，但她還是發現了我，喊了一聲「塔埃哈埃（可惡）」便立即潛入水中不見了。我急忙向河裡望去：並沒有人影，只有一條大鰻魚在水底下的小石頭之間穿行。〔請參看高更的油畫：《帕拍─毛埃》（*Pape Moe*）。〕

克服了重重困難，忍受了多少勞累困苦，我終於接近了全島的最高峰：令人望而生畏的阿奧萊峰。夜幕已經降臨，月亮高懸。望著它，我想起那段神聖的對話。根據傳說，對話的地點不在別處，恰好就在此刻我所站立的地方。

「月亮女神希娜對大地之神特法圖說：

──人死了，請把他復活。

後者是這樣回答的：

──不，我決不這樣做。人必須死，草木必須死，一切以草木為食物的都必須死，大地也會死，大地會完結，永遠不再復生。

希娜又說道：

──那就請便了。不過，我一定要使月亮復生。於是，希娜所掌管的存在下來，特法圖所擁有的喪失了生命，人因而也註定要死亡。」

突如其來的婚約

Chapter 3

卷三

突如其來的婚約

近來我情緒不佳，工作當然受到影響。缺不少資料，這不假；不過，更為缺少的，是歡樂。

迪迪幾個月前就回帕皮提去了。她走後，我再也聽不到女伴嘰嘰喳喳的聲音。迪迪在時，總是不停地向我提出那幾個同樣的問題，問的總是那麼些事情，而我的回答也是一成不變，講的總是那麼些故事。而現在，只剩下一片寂靜，這對我並無益處。

我決定走出家門，做一次環島旅行；至於怎麼走，終點在哪裡，出發時並無明確的打算。

我著手準備起來：提了幾個不重的包袱，裝了些路上的必需品，又整理整理那一堆老畫稿。這時，我的房東、鄰居和朋友阿納尼走過來，憂心忡忡地望著我，過了好長時間才下決心問我是不是要搬走。我告訴他，我只不過想外出走走，過幾天就回來。他不相信我的話，竟然哭出聲來。他的妻子也來了，說她喜歡我，叫我放心住下去，不必為金錢發愁，死後還可以安息在這裡。說這最後一句話時，她抬起胳膊，指了指茅屋外一塊長著灌木的空地……。

我真想能在此長眠：至少永遠不會有人來打擾我……。

「你們這些歐洲人，」阿納尼的妻子又說道，「你們總是答應住下來。可是，人家剛剛喜歡上你們，你們就要走！沒有一個人不說還要回來。然而，總是一去不回頭。」

「那麼，我可以起誓：幾天之後，我一定回來。至於以後嘛（我沒有勇氣撒謊），以後再說。」

我還是出發了。

我離開海邊的大道，鑽進灌木林裡，沿著一條狹窄的小路往前走。灌木叢林一直延伸到山巒的深處。我走著走著，進入一條小峽谷，裡面的居民仍然按照古老的毛利方式生活。他們無憂無慮，性情平和；他們喜愛幻想，相親相

高更，「大溪地的人們」，約1896—1897年，水彩畫

愛；他們愛打瞌睡、喜好唱歌、經常祈禱。雖然那裡並沒有石像，我卻似乎真真切切地看到眾女神的偶像，特別是月神希娜的巨像，以及紀念這位神的歡慶場面。希娜的巨像用整塊石頭鑿成，兩肩距離足有十尺寬，從頭到腳絕不下四十尺。巨像周圍，眾人按照往者

的禮儀跳舞。舞蹈的名字叫做「媽達姆阿」〔參看高更畫作：《媽達姆阿》（*Matamua*）、《往昔》（*Autrefois*）及《希娜‧馬魯魯》（*Hina Maruru*）。〕。稱做「維沃」的蘆笛時而清脆、歡快，時而淒婉、低回，不同的時間吹奏出不同的調門。

　　我繼續往前走。

　　到了島嶼另一端的塔拉瓦奧，碰上一個憲兵，借給我一匹馬。我沿著歐洲人很少涉足的東海岸疾行。

高更，「大溪地女人和狗」，1896—1899年，紙、水彩，27 cm×32.5 cm，貝爾格勒美術館藏

法阿奧內是個小縣，再過去就是希梯亞縣的地面了。到了法阿奧內，聽見一個土著朝我喊叫：

　　「嗨！給人做畫的人（他知道我是畫家），哈埃雷——馬依——塔馬阿（來我家吃飯吧——這是大溪地人好客的表示）！」

　　邀請者的笑容是那麼溫柔動人，我不能不跳下馬，領受他的盛情。主人拉過馬，拴在樹枝上；他表情淳樸自然，毫無卑躬屈膝的神態，動作十分靈活俐落。我們並排走進一座茅屋，裡面聚集著一大群人，有男人，也有婦女，還有兒童，大家席地而坐，抽煙的抽煙，聊天的聊天。

　　「你去哪裡？」一位四十歲左右、長得相當漂亮的婦女問道。

　　「我去希梯亞。」

　　「去做什麼？」

　　我也說不清當時想的到底是什麼，很可能是不自覺地道出了我此行的真實意圖，不過我並沒有明確地想到過。我回答道：

　　「去找個女人。」

　　「希梯亞有不少美女，你想討一個嗎？」

　　「是的。」

　　「你要願意，我可以給你一個。是我女兒。」

　　「她年輕嗎？」

　　「年輕。」

　　「長得健壯嗎？」

　　「健壯。」

　　「那好。請把她找來。」

　　那個婦女便走出茅屋。

高更，「手持芒果的女人」，1893年，畫布、油彩，92 cm×73 cm，
聖彼德堡，艾爾米塔什博物館藏

約摸一刻鐘以後，正當大家端送野蕉、魚蝦之類準備吃飯的時候，那位婦女回來了，後面跟著一個高個子的姑娘。姑娘手裡拿著個小包包，身穿紅色薄平紋布連衣裙，肩部和上肢的皮膚泛著金黃色；在那幾乎是透明的衣裙下面，隆起的胸部上翹起兩粒結結實實的圓珠。姑娘臉龐俊秀，但不像我所見到過的島上大多數人的臉形；她的頭髮也與眾不同，像一叢灌木，還有些卷曲，太陽光一照，簡直是光彩奪目，非常好看。

　　後來我才知道，她不是本地人，原籍在湯加群島。

　　姑娘挨著我坐下，我便問起來：

　　「你不怕我嗎？」

　　「阿依達（不）。」

　　「你願意到我的茅屋去住，永遠住下去？」

　　「唉（是的）。」

　　「你生過病嗎？」

　　「阿依達。」

　　就說了這麼幾句。姑娘不動聲色地把包在蕉葉裡的我那份食物放在我前面的地上；這時，我的心怦怦直跳。我吃得很香，但有些心神不定，有些膽怯。這個十三歲左右的女孩既討我喜歡，又叫我害怕。她心裡在想些什麼？契約如此匆匆忙忙地提出來，又如此匆匆忙忙地談妥。該簽約了，猶豫不定的反倒是我，是我這個老傢伙。我心裡琢磨：說不定這是一筆交易，母女倆爭論過，最後女兒屈服於母親的要求，只好惟命是從。有這種可能；不過，在這個大女孩身上，我清清楚楚地看到了這個種族所特有的獨立自主與自豪的氣質。

　　最使我放心的，是姑娘坦然的神態和自若的表情。這是年輕人完成一件榮耀、可嘉的行為時常有的神情。但是，她嘴角上那帶著

高更，「兩姐妹」，1892年，畫布、油彩，90.5 cm × 67.5 cm，
聖彼德堡，艾爾米塔什博物館藏

嘲諷意味的皺痕，儘管十分溫柔、優雅、迷人，對我卻是個警告：
冒風險的是我，而不是她……

　　我走出茅屋。我可不敢誇口：當我跨出門檻的時候，我毫無沉重
的心情，沒有莫名其妙的焦慮，沒有令人難受的擔心，不感到害怕。

　　我拉過馬來，跨上去。姑娘跟在後面；她的母親，一個男人，
還有兩個年輕婦女——姑娘說是她的姨媽——也跟上來。

大溪地人照片

高更・「海邊的大溪地女郎」・1891年・畫布、油彩・69 cm × 91 cm・
巴黎・奧賽美術館藏

我們返回塔拉瓦奧，有九公里路要走。

剛走了一公里，就有人叫起來：「巴拉希台伊也（在這兒停住）。」我下了馬，走進一座乾乾淨淨的茅屋，裡面挺闊氣，擺著許多地裡出產的東西，乾草上鋪著漂亮的席子。一對仍然年輕而又溫文爾雅的夫婦住在裡面。我的未婚妻挨著女主人坐下，向我介紹道：

「這是我母親。」

接著，在眾人的緘默中，有個人往大口杯裡傾倒清涼的飲水；每人喝上幾口，就把杯子遞給下一個人。那氣氛，像是舉行家庭宗教儀式。大家喝完水，我的未婚妻稱她為母親的那位婦人講話了。她眼圈潮濕，眼神裡充滿傷感，問道：

「你是好人嗎？」

我反躬自問了片刻，不無慌亂地答道：

「是。」

「你能讓我女兒過上好日子嗎？」

「能。」

「過八天她回娘家。你要待她不好，她就不再跟你了。」

高更，「苔拉」，1891—1893年，木雕

很長一段沉默之後，我們起身告辭。我又騎上馬，出發了。原來的隨從隊伍，繼續跟我前進。

一路上，遇見好幾個人，認識我岳母一家。他們打完招呼，特別對姑娘說道：

「怎麼！你嫁給法國人了？祝你幸福，和和美美。」

聽了這些話，姑娘的眼神裡卻出現了疑慮的閃光。

有一點使我放心不下：苔拉（這是我妻子的名字）怎麼會有兩個母親？我詢問第一個，就是向我提親的那一個：

「為什麼你不說實話呢？」

苔拉的母親回答道：

「那一位也是她的母親，是乳母，是照管她的母親。」

一路上我不住地左思右想，坐騎可能也感覺氣力不濟，步子邁得缺乏自信，碰上大點的石塊就磕磕絆絆的。

到了塔拉瓦奧，我去還馬。憲兵的老婆也是法國人，她雖然不一定有害人之心，卻缺少精明與細膩，見了我們馬上嚷道：

「怎麼！你帶回一個小婊子？」

那雙惡狠狠的眼睛在姑娘身上打量個沒完沒了，就差要剝掉衣裳審視了。面對這種污辱性的對待，姑娘不卑不亢，顯得既高傲又不屑理會。我看在眼裡，覺得這兩個女人之間的對峙具有象徵意味：一個殘荷敗柳，一個含苞欲放；一個代表法律，一個擁有信仰；一個矯揉造作，一個自然率真。與後者相比，前者散發著一種撒謊與不懷好意的濁氣。

這也是兩個種族間的較量。我的種族好像給美麗的藍天罩上一層煙霧，我為此而羞愧，趕緊把目光移開，投向那活活潑潑的金黃色皮膚。於是，我一下子感到平靜與欣慰。我已經愛上了它的明亮與閃光。

高更，「拿著芒果的女人」，1892年，
畫布、油彩，72.7 cm × 44.5 cm，
美國，巴爾的摩美術館藏

送親的家人該回去了。大家在塔拉瓦奧一家中國人開的店裡互道珍重。

我和未婚妻乘公共馬車，又走了二十五公里，回到馬達依埃亞我的家中。

妻子不愛多說話，氣質有些憂鬱，神情裡總帶著嘲諷的意味。

我們倆不動聲色地相互觀察著。我很快就敗下陣來。她是那樣難以捉摸；可我，儘管一再提醒自己多加注意，不要得意忘形，努力充當一名有眼力的見證人，我的神經沒過多久就不肯服從我的意志了；再下決心，決心下得再大，也都無濟於事。在苔拉面前，我很快就變成一本打開的書。

這樣，我做了一個實驗。從某種意義上講，實驗是在我自己身上做的，其結果卻對我大為不利。實驗使我看到，大洋洲人的靈魂與拉丁民族的靈魂、特別是法蘭西人的靈魂之間，存在著多麼巨大的差別。毛利人不會輕易把自己的心靈揭示於人。要想深入毛利人的靈魂，必須有極大的耐心，必須做縝密的研究。一開始，你怎麼也無法抓住它；它笑容滿面，千變萬化，往往使你手足無措。它有眾多的表面現象，其實都是其內在真實性的外在表露。你要是被一個個孤立的外表所左右，忘記了必須做出一副正人君子的模樣，毛利人的靈魂就會乘虛而入。表面上嘻嘻哈哈、漫不經心，甚至帶著幼稚的輕率，實際上卻是以十二分的冷靜與專注，考察著你的一舉一動、一言一行。

一個星期過去了。我又過了一次童年，不過當時自己並沒有意識到。我喜歡苔拉，並且毫無掩飾地告訴她。她聽了微微一笑：這她是看得出來的。她呢？看起來她是愛我的，可就是不願言明。有時，在夜間，苔拉金黃的皮膚上泛起一道一道的閃光……。

高更，「吃草的馬」，1891年，64.5 cm×47.3 cm，
紐約・大都會美術館藏

第八天到了，我卻覺得我倆剛剛一起走進我的茅屋。苔拉要求回法阿奧內看望母親，這是早已說好了的。我內心沉重，很不情願，但也沒有辦法，只好在她的手絹裡包上幾個皮亞斯特〔貨幣名稱。〕，讓她坐車並給父親帶些酒去。我把她送上公共馬車。

對我來說，這簡直就是永別。她會回來嗎？

茅屋冷冷清清，孤獨使我心神不定。我的思想怎麼也集中不起來，畫什麼都沒心思……

過了好幾天，她終於回來了。

於是，美滿幸福的生活開始了。它建立在對未來的信心上，建立在互相信任與對愛情的深信不疑上。

我又投入工作，幸福住進了我的房舍，它隨著太陽而起身，像太陽一樣輝煌燦爛。苔拉臉上的金光使茅屋內外洋溢著歡快的氣氛與明朗的色調。我們倆是那麼淳樸，生活得那麼簡單！早晨，我們一道去屋旁的小溪邊洗漱，心中無比愜意，就像第一個男人與第一個女人一道走向天國。

是大溪地人的天國，納威——納威，非努亞……。

這個天國中的夏娃越來越馴順、越來越充滿柔情蜜意。她把我熏香了：諾阿！諾阿！她在最恰當的時刻走進我的生活：再早一點，我可能不理解她；再遲一天，可能就太晚了。今日，我理解她，也愛上了她；透過她，我終於深入到一直無法理喻的奧祕之中。但是，此時此刻，這一切並不是靠我的理智推斷出來的，也沒有在我的記憶裡整理分類。苔拉所講述的一切，僅僅給予了我直覺的感受。只是過了很久，我才發現，她的話已經刻在我的感覺與感情之上了。就這樣，在她的引導下，通過生活裡日積月累的指教，

高更，「快樂之歌」，1892年，畫布、油彩，75 cm×94 cm，巴黎，奧賽美術館藏

高更，「大溪地牧歌」，1893年，畫布、油彩，86 cm×13 cm，
聖彼德堡，艾爾米塔什博物館藏

我得以充分理解了她的種族。這種方法比其他任何方法都可靠、都有效。我失去了日與時的意識，忘記了什麼是惡、什麼是善。幸福對時間是那樣見外，以致時間的概念也取消了。另外，當一切皆美的時候，一切就都是善的了。

我工作或思考的時候，苔拉絕不打擾我；出於本能，她不出一點聲音。她知道什麼時候可以大聲說話，而不致擾亂我；這時，我們就聊起天來。我們談論歐洲，也談論上帝及諸位神明；我教她，她也教我。

一天，我有事必須去帕皮提一趟。我答應當天晚上趕回來。可是，車子半路上出了毛病，我只好步行往回走，進家門的時候，已是凌晨一時了。

我們家的蠟燭用完了，該買了。

推開門，屋內漆黑，沒有點燈，我一下子驚呆了。擔心、疑慮……一種不祥之兆籠罩心頭；小鳥飛了。我連忙劃火柴，一連劃了好幾根；只見……

苔拉全身赤裸，一動不動地俯伏在床上，雙眼因恐懼而瞪得大大的。她看著我，但似乎認不出我來。我也驚奇地猶疑了片刻。苔拉的恐懼是能夠傳染的，我好像看到她呆滯的眼睛裡流出兩道磷光。我從來沒有看到她像現在這般美麗，美麗得這般動人。在眼前的半明半暗之中，一定飄蕩著不少危險的鬼魂及種種越想越可疑的玩意兒。我不敢伸手抬足，生怕嚇壞這個女孩子。我難道能說得清，此刻我在她眼裡到底是什麼？要是她看到我這副不知所措的模樣，把我當成幽靈或鬼怪，即所謂的「都帕巴烏」，那又該怎麼辦？根據她那個種族的傳說，夜靜更深之際，都帕巴烏們最清醒，

TA MATETE

高更，「我們今天不去市場」，1892年，畫布、油彩，73 cm × 92 cm，
巴黎，奧賽美術館藏

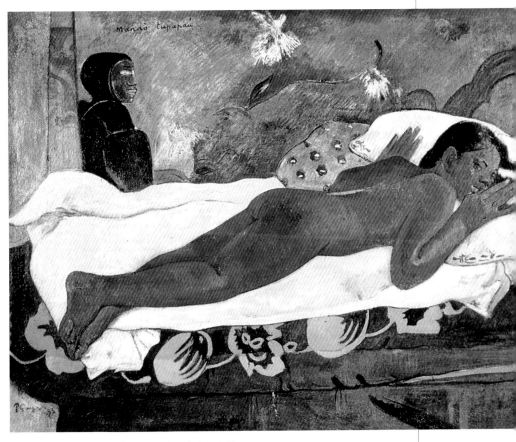

高更，「馬納奧，都帕巴烏」，1892年，畫布、油彩，73 cm × 92 cm，
美國，紐約州水牛城，奧布萊特諾克士美術館藏

出來遊蕩無所不至。難道我真能說得清，她到底是誰嗎？種種根深
蒂固的迷信左右著她的肉體與精神，她此刻受到強烈的刺激，在我
眼裡變得與過去的她毫無相同之處了〔參見高更畫作：《馬納奧，都帕
巴烏》（Mana' o Tupapau）。〕。

　　她終於舒緩過來。我竭盡全力安慰她，增加她的信心與膽量。她

高更,「愉悅之水」,1898年,畫布、油彩,74.5 cm × 95.2 cm,
華盛頓,國立美術館藏

嘬著嘴聽我說話；過了好一陣，才用哆哆嗦嗦的哭音講出一句話：

「可別再把我一個人留在這黑屋裡啦！」

恐懼剛剛驅散，忌妒又湧上心頭。

「你在城裡都幹了些什麼？找女人去了吧？是不是那些在市場上喝酒、跳舞，跟軍官、水手睡覺，誰叫跟誰的婆娘……」

我沒有爭辯。夜色多溫柔。這是一個既溫柔又熾烈的夜晚，一個熱帶之夜。

苔拉時而乖巧、深情，時而任性、輕率。兩種性格共存在她身上；二者迥然不同，卻以使人難以應付的速度轉換著，乍陰乍晴，來得突然，去得更是出人意料。她的性格並不是多變的，而只是具有雙重性：她畢竟是一個古老種族的女兒！

一天，那個既在海上撈錢又在陸上斂財，永遠少不了的猶太貨郎，帶著一盒鍍金銅首飾，來到我們縣裡。貨物一擺出來，就有人圍了上去。一對耳環在圍觀者的手裡傳來傳去；所有人的眼睛都閃出亮光；所有的女人都希望能得到這對耳環。

苔拉蹙起雙眉望著我，她的眼神明白地表露出她內心的願望。我視而不見，假裝沒看出她的意思來。

她把我拉到一個僻靜處，直截了當地說：

「我要買那副耳環。」

我告訴她，那種破玩意兒是銅做的，在法國頂多值兩法郎。

「諾阿圖。我就要嘛！」

「花二十法郎買這麼一個骯髒東西，這不是發瘋嗎！不行！」

「我就是要嘛！」

她眼裡含著淚水，滔滔不絕地說下去，越說越激動：

高更，「海濱」，1892年，畫布、油彩，68 cm×91.5 cm，華盛頓，國立美術館藏

「怎麼！這副耳環叫別的女人買去，你看著不臉紅嗎？你沒聽見？有人說要賣馬給老婆買耳環哩！」

這回我可受不了啦！我不能接受這種蠢事，粗暴地拒絕了她。

苔拉直盯盯地望著我。她鬥敗了，不再說什麼，哭了。

我躲開她，過了一會兒又走回來，給了猶太人二十法郎。於是，太陽重新露出光輝。

又過了兩天，是個星期日。苔拉鄭重其事地梳妝打扮起來：頭髮用香皂洗過，在太陽下曬乾，又擦上香頭油；然後穿上連衣裙，

高更，「沉思中的女人」，1891年，畫布、油彩，90.8 cm×67.9 cm，美國，烏斯特美術館藏

手裡拿著我的一條手絹，耳朵上戴著鮮花，打著赤腳。她要去教堂禮拜，該念的經現在就預習上了。

「你的耳環呢？」我問道。

苔拉露出不屑的神情，一噘嘴說：

「那是銅的！阿依達，比路，比路——比路。」

說完，竟笑得前仰後合，笑著邁過門檻，上教堂去了。一出了門，她的神情又嚴峻起來。

午休時刻，我們都脫掉衣服，全身赤裸，簡簡單單上床打個盹。我們天天如此，緊挨著，做著美夢。今天，苔拉在夢中可能看到別的耳環閃光發亮。我則希望忘掉頭腦中的一切，永遠睡下去……。

馬達依埃亞舉行了一場盛大的婚禮；這是一次真正的婚禮，是按照傳教士們竭力強加給皈依了基督的大溪地人的那種合法婚約舉行的婚禮。

我應邀出席，苔拉一同前往。

坐席就餐是慶祝活動的主要部分。按照慣例，這種莊重的場合，正是展陳珍肴美味的大好時機，有什麼炙鵝卵石整烤乳豬，以及不計其數的魚類、蕉類、芋類食品。臨時搭了一個喜棚，用鮮花和樹葉裝飾得喜氣洋洋，大餐桌就擺在棚下，周圍賓客眾多，好不熱鬧。

新郎新娘的家人與親戚朋友都到了場。

新娘是當地的小學教師。從皮膚上看，幾乎是白種人，可她偏偏嫁了個純粹的毛利人——普納阿烏亞地方首領的公子。大家都說，新教主教喜歡這個帕皮提教會學校畢業的女孩子，匆匆忙忙給她定下這門親事。在那邊，傳教士的話就是上帝的旨意。

一個小時之後，酒足飯飽，便開始了發言。發言相當踴躍，每

高更，「她的名字叫維拉歐瑪蒂」，1892年，91 cm×60 cm，
聖彼德堡，艾爾米塔什博物館藏

高更·「德哈瑪拉有許多祖先」·1893
年·畫布·油彩·76.4 cm×54.3 cm·
美國·芝加哥藝術中心藏

一位都振振有詞，頭頭是道，簡直成了講演比賽。不過，並不總是那麼嚴肅，講著講著就冒出一些出格的話，出乎大家意料，給聽講的人解解悶。

致辭之後，還有一個重要問題必須解決：是婆家人還是娘家人給新娘重新取名字？這是當地的風俗習慣，古已有之。這裡牽涉到特權歸誰享有的問題，哪家都不願輕易讓步，辯論蛻變成格鬥的情況並不少見。

不過，那天並沒有到達這種地步。一切都平平靜靜地解決了。餐桌上的氣氛是誠摯而歡快的，當然也帶有幾分醉意。我那可憐的婆娘，醉得像死人一般，被周圍的女人攙扶著往外走。這種情況下，我也就不再監視她了。不過，天哪，該回家的時候，可讓我費了大勁：她異常快活，身子卻是死沉死沉的！

餐桌中央的上席上，端坐著威嚴的普納阿烏亞首領夫人。她穿上那身橙紅色絲絨袍，既稀奇古怪又顯得自命不凡，活像在集市上大出風頭的女人。然而，她那個種族天生的風度，以及她對自己的地位充分的自我意識，給她那套行頭一種難以言傳的雍容華貴之氣。在今天大溪地人的慶典上，她的雍容華貴之氣，在精美菜肴的香氣之上，在全島鮮花的芬芳之上，又添加了一種馨香，比所有的芳香更濃烈，而且能夠總括所有的芳香：諾阿——諾阿！

首領夫人身旁坐著一位足有百歲的老奶奶；她那龍鍾老態叫人看了難受，再加上那兩排整整齊齊、一顆不缺的吃人生番的牙齒，看上去就更加可怕了。她僵硬的身軀一動不動。在她周圍，別人就是吵翻了天，她都無動於衷，簡直是個活木乃伊。她的一邊臉頰上刺有花紋，是個黑糊糊的印記，很難說像個什麼。仔細端詳，我覺得它有些拉丁字母的意味，心裡馬上就明白了。

　　我看到過很多文身圖樣，然而，這種花紋還是第一次見；它一定出自歐洲人之手。聽人說過，從前傳教士嚴懲淫亂行為，常給一些放蕩的女人刺上恥辱的印記，從而警告人們留心地獄的永罰。於是，羞恥便伴隨她們一生，須臾不離左右。其實，人們看來，可恥

的並不是她們犯下的罪過，只是這種毀容的記號太難看、太可笑，以致不好的名聲也就隨之而來了。現在，我更加明白，為什麼毛利人對歐洲人懷有那麼大的戒心、那麼深的疑慮。經過歲月的剝蝕，以及有大洋洲人慷慨與好客天性的緩解，這種戒心與疑慮至今仍然普遍存在。啊，從牧師給老奶奶刺面，到牧師給新娘婚配，這期間，逝去了多少個年年月月！老奶奶臉上的印記仍然清晰可辨，構成了雙重恥辱的見證：一方面是蒙受恥辱的種族，另一方面是施加恥辱的種族……而後者的恥辱可能會更加昭著。婚後五個月，新娘子就生下一個足月的嬰兒。公婆大發雷霆，要求兒子與媳婦分居。小夥子不同意，反駁道：

「我和她既然相互產生了感情，何必再計較其他？我們不是有收養他人子女的習慣嗎？那麼，這個孩子我收養了。」

不過，整個故事裡，有一點仍然不清楚：為什麼主教，這只有名的高盧〔指法國。今法國大部分地方在古羅馬時代屬高盧。〕良種公雞，費那麼大力氣，非要匆匆忙忙地按照宗教禮儀舉行這次合法婚禮不可呢？那些喜歡背地裡說長道短的人，已經在含沙射影了……不過，那些人既然喜歡說長道短，他們又有什麼不能說呢？此事直到今天仍然是個謎。謎底嘛，給聖母瑪利亞報喜的天使說不定心裡有數……

嗯，說不定；可這又有什麼關係呢！

高更，「大溪地人坐像」，約1896—1897年，水彩、鋼筆畫，19.5 cm×17 cm

毛利人的信仰

Chapter 4

卷四

毛利人的信仰

晚上躺在床上，我倆喜歡沒完沒了地長談，有時還談得十分認
真、嚴肅。在這個女孩子的心靈深處，我搜尋著往昔的蹤跡；這往昔
是那麼遙遠，從社會的意義上已消亡殆盡。我一個問題接一個問題
地詢問，她的回答常常是令人滿意的。許多事情，男
人們已經忘記，這可能是因為我們的文明使他們眼
花繚亂，或者是因為我們的征服已經使他們俯首貼
耳。而在婦女們記憶的深處，往昔的神聖卻找到了
自己的避難所。當我看到土著的神靈接二連三地在
苔拉身上復甦，看到它們在新教傳教士們包裹它們
的屍布下面蠕動，我感到激動，覺得苔拉在給我演
出一幕奇特的戲劇。總而言之，教理講師們的成績
是不牢固的；他們的教誨就像薄薄的一層油漆，只
要有人稍一撥弄，就會起皮而剝落下來。苔拉按時
到教堂去，用嘴唇和手指做著官樣的禮拜。但是，
她能背出毛利族奧林帕斯諸神的全部名姓；她熟知

他們的歷史掌故，知道他們如何創造世界，明白他們也希望受到尊崇。基督教嚴格的道德規範，她根本不放在心上，與情人發生了婚外的關係，根本想不到要懺悔。我真想像不出，在她的信仰裡，塔阿羅阿神和耶穌基督是怎樣相安共存的。我覺得，對於二者，她都崇拜。

有時候，碰對了機會，她就給我上一堂大溪地神學課；我也盡力按照歐洲人的知識，給她解釋一些自然現象。

她對天上的星星很感興趣。她問我早晨的星辰法文怎麼說，晚上的星辰又該怎麼說。說地球圍繞太陽轉，她似乎想不通，難以接受。

她也把每個星星的大溪地名字告訴我。我一邊聽她講述，一邊望著天上發光的星星（**每顆星星都是一位神靈**），辨別著這些地

高更，「我們從何處來？我們是誰？我們往何處去？」，1897年，畫布、油彩，139 cm × 375 cm，美國，波士頓美術館藏

上與天空的主宰們神聖而不甚分明的身影。

　　種種跡象表明，大溪地人自遠古時代起就擁有相當廣泛的天文知識。過去統治各島的祕密幫會阿里奧依，定期舉行各種節日。這些節日，都是以星辰的運行為依據而設置的。至於阿里奧依的情況，我後面還將有機會涉及。

　　毛利人似乎連月光的性質都有所瞭解。他們設想月亮是和地球大致相同的球體；和地球一樣，月亮上也有人居住，也有種種物產。他們用自己的方法測量從地球到月亮的距離。

高更，「月亮和地球」，1896—1900年，水彩、鋼筆畫，31.5 cm × 23.2 cm，巴黎，羅浮宮藏

奧拉樹〔榕樹的一種。〕的種子，是由一隻白鴿從月亮帶到地球上來的。白鴿飛了整整兩個月才到達地球的衛星。又過了兩個月，終於返回地球。當它一頭跌落到地面時，渾身上下已經沒有一根羽毛。毛利人知道的所有飛禽裡，這只鴿子被認為是飛翔速度最快的。

還是回到星星的大溪地叫法上來吧。從前在這裡當過領事的莫埃朗努〔雅克－安東尼·莫埃朗努，分別於1835年至1837年及1839年至1845年擔任美國及法國駐大溪地的領事；著有《大海諸島遊歷記》，1837年在巴黎出版。〕寫過一本書，從中我找到不少材料，補充苔拉給我上的課。要感謝在大溪地墾荒的古必爾先生，是他把這本書推薦給我閱讀的。

如果從中看到一個深思熟慮的天文體系的雛形，而不僅僅是一種異想天開的想像遊戲，那恐怕是不會太過分的。

出身高貴的露阿與他的妻子晦暗的「大地」同房，先生出地上的國王「土壤」，然後又生出「黃昏」以及「黑夜」。然而，這時候，露阿休掉了他的妻子。

出身高貴的露阿與名叫「大團圓」的女人同居，生下天空的後妃：眾多的星宿；包括法阿蒂：傍晚的星辰。

金色天穹之王是惟一的君王，他與妻子塔烏露阿同房生出早晨的星宿金星，取

高更，「諸神」木刻畫殘片

名塔烏露阿星。這就是給白天與黑夜，以及給日月星辰制定法律並給航行者指引方向的塔烏露阿王。塔烏露阿王揚帆向北航行，在那裡與妻子行房事，生下一顆兩面閃光的紅色星辰，名叫「紅星」。

紅星是個向西方飛翔的神靈，他準備他的獨木舟，準備為迎接偉大的一天而向著穹航行的獨木舟。他於日出之時揚帆出發。

雷胡阿在太空中遨遊。他與妻子烏拉·塔內依芭同房，生下七星對面的一對孿生星王。

這對孿生星一定是我們的雙子星座的那兩顆星。他們的故事頗為奇特。

他們的老家在波拉波拉。聽到父母議論著要把他們分開，兩人便離家出走，一齊跑到拉雅退阿，然後到了化希納·艾依梅奧和大溪地。他們的母親發現兒子不在後十分擔心，立刻動身尋找。前面幾個島，總是兒子們前腳走她後腳才到。最後到了大溪地，終於趕上了兒子們。聽說他們躲在深山，便走了進去，果然發現了兩人的行蹤。她踏上阿奧萊峰，以為萬無一失，可是，兒子們望著她充滿淚水的眼睛騰空而起，扶搖直上，在眾多的星座當中，佔據了一席之地。

高更·《星星的誕生》插圖·約1892年·水彩、鋼筆畫·15 cm × 16 cm

高更，「月下三人行」（*Three figures in a waning moon night*），畫在一封高更從波里尼西亞寄出的信上

至於所謂的紅星，看來就是我們的人馬座。人馬座正是四面發光，古人往往把它畫成這個樣子。

苔拉還提到過一顆來到雲端裡的星，名叫阿圖阿埃希，這應該是我們俗稱的羊倌星，即金星了。

在這裡的氣候下常常見到的流星，苔拉認定都是些被放逐的惡鬼，是些都帕巴烏，他們緩慢而憂鬱地穿過「大峽谷」，尋找新的家園。

「是誰創造了天和地？」

莫埃朗努和苔拉回答說：

「他的名字叫做塔阿羅阿。塔阿羅阿存在於虛無之中，比天早，比地早，比人早。塔阿羅阿向四面呼喚，四面一片死寂。他是惟一的存在物，他自己乃變化成為宇宙。」

塔阿羅阿是一切的樞紐：他就是用這個字眼兒給自己命名的。岩石是塔阿羅阿，沙粒是塔阿羅阿。

塔阿羅阿是光明、是萌芽、是根基：宇宙只是塔阿羅阿的介殼。塔阿羅阿使萬物運轉，是他調節普遍的和諧。

「喂，樞紐們！岩石們！沙粒們！你們都來！讓我們在一起！來吧，你們將構成大地！」

高更，「創造傳說」，約1892年，鋼筆、水彩，10.5 cm × 17 cm

說著，塔阿羅阿把岩石和沙粒攢在手中，緊緊地捏住，走了很長時間。然而，這些東西不願意黏合到一起。於是，他用右手，把七重天拋出去，形成了世界的基礎，並創造出光明。一切都被看得一清二楚了。宇宙，通體發光，一直到它的深部。神面對無垠，欣喜萬分。

靜止的虛無無影無蹤；生命出現，一切都運動起來。

造物者的語言變成了事實；使者們完成了自己的使命。樞紐得到了固定，沙粒與岩石各得其所。天穹上升，並開始轉動。海水填滿了深淵。

宇宙就這樣出現了。

這是「創世記」最初的文本；當然還有許多異本，都比較複雜，很可能淨是些後人的發揮。比如說：

塔阿羅阿同一個叫做「外部女神」（或稱做「海洋女神」）的婦人行房事，於是生出烏雲、白雲和雨。

塔阿羅阿同一個叫做「內部女神」（或稱做「土地女神」）的婦人同房，於是便生出了「第一片芽」。接著出世的是一切能夠在地面上生長的東西；然後，又生出高山之間的霧氣。

後來出生的還有名叫「強壯」的男人，以及叫做「美麗」（或稱「打扮起來吸引人」）的女子。

關於地球的出現，也有別的說法。

毛依——在人們心目中，他與塔阿羅阿以及創造星宿的露阿多少有些混淆——坐在他的獨木舟裡，準備出航。他手裡拿著釣魚線，魚鉤用髮辮繫在線上，懸掛在他身子的右側。他讓魚鉤滑落到宇宙的深部，想把大魚（地球）釣上來。

果然，魚上鉤了。很快背脊（中軸）便顯露出來，神人已經感覺到世界巨大的分量。

　　特法圖（地球）上了鉤，從混沌中浮現出來，懸浮在無垠之中；毛依鉤上了大魚，大魚在空間裡浮游，任毛依指揮調遣。毛依把它攢在手裡。

　　此外，毛依還調節太陽的運行，使白天與黑夜有同樣的短長。

　　我要求苔拉把所有神的名字一一講給我聽。

　　塔阿羅阿與「空氣女神」希娜同房，生出了「彩虹」、「月光」，還有「紅雲」與「紅雨」。

　　塔阿羅阿與「地球深部女神」希娜同房，生下特法圖。特法圖是地球的精靈；他常常從地下發出響聲，以顯示他的存在。

　　塔阿羅阿與名叫「越過地球」的女子同房。

　　他們生出了泰依里伊和拉納努阿兩位神明。

　　後來又生出羅歐。羅歐是從母腹的一側出來的。

　　這個婦人還生下「狂怒」、「雷雨」、「大風」；最後一個出生的是「和平」。

高更，「盧阿哈圖傳說」，1892年，鋼筆、水彩，10 cm × 16 cm

這些神靈的發源地，正是被派遣的使者們出發的地點。

但是，苔拉承認，上述的血統關係並非人人都肯接受。下面的分類才是最正統的：

神靈分為阿圖阿與奧羅馬圖阿兩個系統。

不過，這說起來話就長了，聽起來也不那麼方便，讓我們就此打住吧。

不能。對開天闢地之事的理解上，文獻不能統一看法，出現了許多分歧。

那麼，請允許我打斷一下，給諸位插上講一講我和苔拉的一次外出散步吧。

說不清是哪一天了，反正是個天朗氣清的日子，我和苔拉一大早就上了路，去看望住在離我們家十來公里處的幾位朋友。

我們是六點鐘出發的，趁著清晨涼爽，走得很快，到達的時候才八點半左右。主人見到我們先是驚訝，然後是一陣擁抱親吻。一套禮節過後，又忙著準備款待我們。先找來一隻乳豬，宰殺之後，再加上兩隻雞，還有一條清早捉來的章魚、幾塊芋頭和香蕉，放到一起，午餐將非常豐盛、可口。

離中午還早，我要求去一趟瑪拉亞山洞，吃飯前一定回來。這座山洞，我常常經過，可是從來沒有想到要進去看看。

與我同行的有一個小夥子、三位姑娘，還有苔拉。

小分隊聚齊之後，高高興興地出發了。路不遠，山洞就在附近。

洞口開在路邊，被芭樂樹遮擋得嚴嚴實實，看上去像塊突出的岩石，隨時可能掉落下來。然而，推開密密麻麻的枝葉，立即出現一個一公尺深的坑。一跳進去，眼前漆黑一片，過一會兒，當眼睛

高更，「魔鬼的話」，1892年，畫布、油彩，94 cm×70 cm，華盛頓，國立美術館藏

忘卻了外面燦爛的陽光，就會看到大約一百公尺的地方，即山洞的盡頭，隱隱約約有座小巧的舞臺，地板是紅色的，只是沒有帷幕。

兩邊的石壁上，有好多條粗大的蛇在緩慢地滑動，至少看上去是如此。它們一定是到洞裡喝水的。

其實，那並不是蛇，而是長在岩石縫隙裡的樹根。我提議下水游泳，沒有人回應，理由是水太涼。只見他們在一旁爭論不休，然後發出一連串笑聲，使我莫名其妙。我不肯讓步，最後，女孩子們終於被說服，她們脫掉薄薄的衣衫，只留下纏腰布，跟我下了水。

「陶埃陶埃！」每個人都喊叫起來。水花四濺，洞內回聲轟鳴：「陶埃陶埃！」

「你跟我去嗎？」我指著洞底的方向問苔拉。

「你瘋啦？那邊，太遠……有鰻魚！從來沒人去過！」

苔拉身材秀雅，線條起伏流暢；她正在水邊上游著，看上去對自己的靈巧頗為洋洋得意。

想到要獨探洞穴，心裡不免有些沉重之感。但是，游泳正是我得意的一手呀！我往前游著。可是，怎麼那麼奇怪：越往前游，洞底越顯得遙遠？兩面的大蛇帶著嘲弄的神情注視著水中的我。某一時刻，我覺得看見水裡浮著一隻大龜，說得更確切些，是一隻大龜的腦袋冒出水面，向我挑戰。嗨，真是胡說八道！這種大海龜怎麼能出現在淡水之中？

我難道真的瘋了？要不就是成了地地道道的毛利人，相信種種稀奇古怪的神話。我不知該怎麼驅逐我心裡的疑惑，我感到有些恐懼，至少是心神不寧吧。眼前這些曲曲彎彎的東西，原來是鰻魚！

必須克服這種恐怖感。於是，我用盡全力，拼命向下扎猛子：沒有觸到水底，又浮了上來。我連腳後跟都沒有碰到底，就憋不住

高更，「大溪地的夏娃」，1891年，紙、水彩，法國，葛蘭諾伯繪畫雕刻美術館藏

氣，露出水面。苔拉朝著我大聲喊叫：

「快回來！」

我扭過頭去，看見她在很遠、很遠的地方。不知道那是一種什麼現象；反正，距離在那個方向上是趨向於無限遠的：我看到的苔拉只是一個小黑點，一個光亮的圓圈上的小黑點。

真是活見鬼……我自己的事我說了算。我發狂似的划著水，又遊了半個小時左右，終於抵達了山洞的盡頭。

有一座不大的高臺，沒有什麼特別之處。還有一個沒有遮擋的洞口。它到底通向哪裡？真是神祕。坦白地說：我膽怯了。

我往回游……苔拉一個人等著我。女伴們到底是外人，都回去了。

苔拉念了一段禱告經，我們便往回走。

空氣溫暖，與女伴身體摩擦產生的熱，使我的體溫又恢復正常。我又活下來了。苔拉開口問我：

「剛才你就不害怕！」

在她的笑容裡，我察覺到一絲嘲諷的神情，便不無放肆地回答道：

「我們法國人，從來不知道什麼叫害怕。」

苔拉一路上沒有什麼表示讚賞的表情與動作。我去採了些香花，戴在她的髮叢之上；她並沒有什麼特別的反應，似乎我本來就應當這樣做。一路景色秀美，大海壯麗，對面的莫雷阿島身影挺拔、矯健。噢，生活多麼美好。肚子餓了的時候，家裡有烤乳豬，等著你去吞食，那又是多麼愜意！

高級的阿圖阿都是造物神的兒子或孫子。奧羅是排在他生父

高更,「探險」,約1894—1895年,鋼筆、水彩,9.5 cm×19.5 cm

之後的第一位神明,他自己又有兩個兒子。奧羅的弟弟有特泰·馬替、烏魯·特非塔、拉阿等。拉阿又生下特圖阿·烏魯·烏魯等。

　　這些神明,各有各的許可權。比如,我們前面已經談到過特法圖與毛依的功業。

　　第七重天是達內的嘴巴。就是說,這位神明(男人稱達內,就是借用他的名字)的嘴是天穹的盡頭,光線從那裡開始照耀大地。

　　里依分開天地。魯依使海洋的水隆起,並且把整塊陸地敲碎,分成無數小塊,於是便形成了今天的島嶼。

　　法努拉頭頂雲霄腳踏海底,法圖惠依也是位巨人。他們一起下到無人去過的希瓦地方,大戰吃人的豬魔,殺死了這個害人精。

　　希羅是竊賊之神,他能用手指在岩石上鑽孔。他曾解救過被幾個巨人幽禁在某處魔窟的一名處女。魔窟外面有許多樹木;希羅走

高更，「瑪利亞禮讚」，1891年，畫布、油彩，
113.7 cm × 87.7 cm，紐約，大都會美術館藏

去，只用一隻手就把這些樹木拔得一乾二淨；魔窟暴露在光天化日之下，魔力也隨之消失。

低級的阿圖阿主管人們的生活與勞作。包括：航海者的主保鯊魚神馬厄；歌唱、戲劇舞蹈的主保住在山谷裡的男女神靈佩和；醫生的主保拉奧；諾‧阿帕：人們給他上貢，求他保佑，不著魔中邪；莊稼人之神塔努；達內‧泰‧胡阿，木匠和建築者的保護神；米尼亞和帕披亞，上屋頂者的保護神；馬塔替尼，織網者的主保。

奧羅馬圖阿系統裡都是些家神。他們又分成兩種：真正的奧羅馬圖阿諸神，以及各種精靈。

真正的奧羅馬圖阿懲罰挑動口角與爭鬥的人，在家庭裡維護和諧與安寧。具體地說，有瓦魯阿‧塔阿塔（每個家庭裡死去的男人與女人的魂靈），埃里奧里奧（自然死去的嬰幼兒魂靈），普阿拉（剛生下來就被弄死的嬰兒魂靈，這類嬰兒被認為轉生成蝗蟲）。

所謂精靈，指的是被人設想或想像具有神力的某種物體。選擇這種物體並沒有特別要求，起碼沒有明顯的動機，有時只是眼前的一件什麼東西。人們賦予這物體（有生命的或無生命的）以某種神力。比如：鯊魚對某個毛利人來說可以變成精靈；這個毛利人賦予鯊魚象徵意義，在一切重要關頭，便向鯊魚討教。在歷史頌歌和傳說裡，有許多神靈變成動物的寓言故事。毛利人很可能接觸過印度人關於魂靈轉生的說法。

排在阿圖阿與奧羅馬圖阿兩大神系之下的是等級最低的替依系統。他們是塔阿羅阿和希娜（月亮女神）的兒子，為數眾多。他們的地位低於一般神靈，可又不屬於人類。在毛利人的宇宙起源學說裡，他們居於有機界與無機界的中間，專司保護無機界的權益與權力，維護無機界的特權不受侵犯。

Hiro (Dieu des voleurs) faisait avec ses doigts des trous dans les rochers. Il délivra une vierge retenue dans un lieu enchanté, gardée par des géans. Il arracha d'une seule main les arbres qui tenaient le lieu enchanté. Le charme fut rompu.

Ceinture Rouge (Symbole de la divinité et du feu.

高更，「竊賊之神」，【希羅的故事】，約1892年，鋼筆、水彩，22.5 cm×18 cm

高更，「月亮與大地」，1893年，
畫布、油彩，114.3 cm × 62.2 cm，
紐約，現代美術館藏

下面是關於他們來源的傳說。

塔阿羅阿與希娜同房，生下了替依。

替依與名叫阿妮（「欲望」）的女人同房，生下了「夜欲」（黑暗與死亡的使者）、「晝欲」（光明與生命的使者）、「神欲」（上天利益的使者）以及「人欲」（人類利益的使者）。

後來出世的還有：照管動物與植物的「內替依」，照管海中生物與非生物的「外替依」，海岸與流動土壤的替依，以及岩石與固定土壤的替依。

最後出世的是：「夜事」、「晝事」、「去與歸」、「潮與汐」、「施捨與接受」、「快樂」。

過去，諸位替依的雕像擺放在「馬拉厄（寺廟）」的最外圈、靠近圍牆的地方。隨著歐洲人的入侵和一神教的傳播，體現盛極一時當地文明的文物被毀壞了。這些遺跡

高更，「神像前的女子」，1899年，
畫布、油彩，134 cm×95 cm，
莫斯科‧普希金美術館藏

　　過去包含著極其豐富的意義，表現出人類的創造必須與動物界及植物界的生活保持和諧與融洽。如今，由於同我們太多的接觸，這些自然的含義已經消失殆盡。既然當地土著已經接受了我們的文化，這些雕像現在只表現一些野蠻的形象。作為藝術品是美的；可是，無論在道德上還是在形體上，它們都變成貧乏與膚淺的了。

　　在毛利人的「形而上學思辨」裡，月亮佔有很主要的地位。過去，好幾個盛大的節日與月亮有關。阿里奧依幫會的傳統記事也常常提到月亮。然而，賦予希娜的保持人世間和諧的作用，到底是積極的還是消極的，一時還難以弄清楚。

　　我們前面介紹過希娜同特法圖的對話，讀者一定還記憶猶新。

　　對於有志搜集和評論大洋洲福音書的注釋家們，這些文字無疑

高更，「大溪地牧歌」，1898年，畫布、油彩，54 cm×169 cm，倫敦，泰特美術館藏

高更，「感謝」，約1894—1895年，木刻畫

是非常寶貴的材料。他們從中可以找到一種建立在對自然力崇拜之上的宗教種種要素。而崇拜自然的力量正是一切原始宗教的共同特徵。一切毛利神都是不同自然現象的化身。不過，它們似乎又有兩點特殊之處。鄙人不揣冒昧，願將一些個人的假設公之於眾，有勞專家學者們費心驗證了。

首先是明確地提出了世界的兩項基本要素。它們是普遍的、無所不包的，又是惟一的、沒有例外的。然後，這兩項基本要素又構成一個至高無上的統一體。一個要素是陽性的：靈魂與智慧，塔阿羅阿等。另一要素屬於陰性，純粹是物質的，在某種意義上構成了造物主自身的身體，它就是希娜女神。希娜並不僅僅是月亮的名稱。還有「空氣女神」希娜、「海洋女神」希娜和「內部女神」希娜。不過，這個名字僅僅屬於空氣、水、土地和月亮；太陽和天，光明以及它的帝國，這些都是塔阿羅阿的範圍。儘管物質與精神之間有如此明確的區分，在毛利族「創世記」的基本命題裡，人們仍然可以察覺到一種實體上的統一：「偉大而神聖」的宇宙只不過是「塔阿羅阿的介殼」而已。這種對自然界的樸素的崇拜，具有一種在原始人群中罕見的哲學意味，因而顯得更加獨特了。從塔阿羅阿同希娜的各種化身的結合裡，不難看出太陽對各種自然物永恆而又千變萬化的作用。從這些結合的成果來看，光明與溫暖是在不停地改變著這些自然物。這樣，在緯度大不相同的許多地區，我們看到了相同的觀念，儘管它們的標記與符號是形形色色的。然而，在這裡，繁殖本因、受孕物質和繁衍物之間，原動因、受動物體與運動本身之間，精神、物質與世界之間，實際上都是合而為一的。我認為，這一特點值得思想家們注意。

第二點值得注意的是：毛利人把月亮看成將要消失的有生命物的終結，或者更確切地說是運動的象徵；這運動雖非生命本身，卻

高更，「偶像」，1898年，畫布、油彩，73.5 cm×92 cm，
聖彼德堡，艾爾米塔什博物館藏

是它的標記與無窮無盡的反復。從根本上說，月亮是個陰性物體。
至於大地和人，毛利人似乎（我用這個字眼，因為這裡的一切誰也
不敢下斷語）把它們看做是生命進化過程中一個確定的點，而生命
是應當超越這個點的。當我寫下「進化」這個詞的時候，我想到：
把西方這一偉大理論加到塔阿羅阿的崇拜者頭上，可能有些不倫
不類；不過，我無法否認，在下面的詞句裡，我捕捉到了進化的蹤
跡：「大地終將消亡，人會死去……月亮絕不會消失……人不應長

生。」儘管月亮有盈虧圓缺，而可能正因為它周而復始地連續變化，毛利人把月亮看成永恆運動的體現，把月亮這個星辰列入永存事物的數目之中。它熄滅是為了重新燃亮，它消亡是為了重生。它將按照主宰物質的法則，永遠這樣變化下去；在物質當中，一切都在變化，什麼也不會消亡。於是，希娜是物質的最佳代表；而毛利教義確認：物質是永恆的。太陽也是永恆的；塔阿羅阿，精神，將永遠存在，永遠追求運動著的物質，與它結合，不斷地孕育出新的生命。人以及它的大地居所就不同了。它們是塔阿羅阿同希娜繁殖力很強的結合的產物；在生命的萬能詩篇裡，它們僅僅是個插曲；大地終將消亡，人會死去，永不復生。而「月亮絕不會消失」……如果讓思想沿著這些詞句的軌道發揮下去，如果還記得月亮象徵著永遠可由光明的精神受孕的物質，那就很難不得出這樣的結論：隨著大地的消亡和人的不再復生，將在一個新的棲息處所出現一種新的人類。沒有什麼東西能禁止我們設想：這種新人優於被他取而代之的舊人。這難道不是某種形式的進化論嗎？用別的道德與歷史觀點來考察，希娜同特法圖的對話可以有多種解釋。月神作為女性，她的勸

左圖：高更，「希娜」，約1891—1893年，
彩繪金箔木雕，37 cm×13.4 cm×10.8 cm，
華盛頓，國立美術館雕刻花園藏
右圖：高更，「鑲珍珠的偶像」，
約1891—1893年，木雕，
23.7 cm×12.6 cm×11.4 cm

告實際是掩蓋女性的軟弱；女性由於自身的軟弱，不瞭解只有死亡才是生命奧祕的惟一保守者。特法圖的回答可以看做是對於整個種族的預言。他說：「大溪地將要死亡，死後就不會再生。」這一昔日的偉大神靈分析了自己種族的生命力，在它的血液裡預見到死亡的萌芽，認為它不可能再生，不會有得救的希望。

這是實體的統一性，是進化的理論。誰能夠預料，在這些從前的吃人生番的思想裡，會發現一個如此高超的文化表現？我捫心自問；我的敘述絕無添枝加葉之處。莫埃朗努的公正也是無可指責的。

說實話，苔拉並不懂這些抽象的思辨；她只是固執地把流星當做遇難的精靈，當做流浪的都帕巴烏。她不自覺地用先人傳下來的思想給星辰賦予人類的思想感情，就像先人們認為天是塔阿羅阿自身，而由塔阿羅阿孕育出來的阿圖阿們也是天庭的成員一樣。我說不出，究竟在何種程度上，這些充滿詩意的想像能使最確切的科學感到不自在；我說不出，究竟在何種程度上，最高超的科學能使這些想像喪失活力。

苔拉神祕地談到一個宗派，或者更確切地說是一個祕密幫會。這個幫會既是宗教的又是政治性的，在往昔封建制度鼎盛時期，它在各個島上都有舉足輕重的影響。這就是阿里奧依會。通過少女有些雜亂但又充滿強烈敬畏感情的講述，我逐漸瞭解了這一偉大、奇特而可怕的組織；這一組織在古代具有一種神聖的特徵。我猜度出它的歷史是悲壯的，充滿驚心動魄的罪惡。它的傳說神祕莫測，外人難以透悉，也難以剖析清楚。

這個會道門的起源包裹著層層的神祕，這一點我事先已經確信無疑。不過，我還是想知道關於它的起源的傳說。多少世紀以來，這一題目不知產生過多少幻想。我來大溪地就是為了尋找精神財富，說不定在這個題目上會有重大的發現。

　　苔拉把她所知道的統統告訴給我，我又四處搜尋有關材料，終於在一定程度上復原了舊觀。在奇特的情節下面，歷史的真實恐怕只占一半分量。

　　奧羅是塔阿羅阿的兒子。除了他的父親，他在眾神裡地位最高。一天，他決心在凡人裡給自己選擇一個女伴。女伴必須是處女，長得要漂亮。奧羅希望同她建立一個特殊的種族，比人世間任何種族都優越。

　　他穿過七重天，降落到波拉波拉島的帕亞高峰之上。他的兩個姐妹——女神苔里和哈奧阿奧阿，就住在那裡。三位神靈都轉成了人形：奧羅裝扮成年輕的武士，女神則變為如花的少女。他們決定訪遍各島，尋找一位配得上神靈愛撫的人間女子。

　　奧羅伸手抓住彩虹，一頭放在帕亞山的頂峰，另一頭放到平地上，同他的兩個姐妹跨過山谷與波濤。

　　在每一個島上，他們都慷慨地請大家出席豪華的宴席，再加上他們風度優雅，所以很受島民的歡迎。所有的女子沒有一個不前往赴宴的。奧羅一一打量她們。他的心慢慢地變涼了：儘管走到哪里他都

高更，「鑲貝偶像」，約1892—1893年，木雕，34.4 cm × 14.8 cm × 18.5 cm

高更，「奧羅與瓦伊勞瑪蒂在波拉波拉島的神木樹下」

點燃起女孩子們的愛火，可是他一個也沒有看中。沒有一個人間的女子能把年輕武士的目光長時間吸引住。好多天的努力白白地過去了，奧羅準備返回天庭。這時，在波拉波拉島的瓦依塔佩，突然發現一個無比美貌的少女，正在小小的阿瓦依－阿亞湖裡沐浴。

少女身材修長；金色的陽光照在她的皮膚上，閃閃發亮；愛情的所有奧祕都在她滿頭烏髮的夜色裡蟄伏著。

奧羅像入了迷一般。他請求兩位姐妹前去替他求婚，自己則返回帕亞山，等候使者的報告。

　　兩位女神走到少女面前，施禮完畢，先誇讚她的美貌，然後自我介紹，自稱來自波拉波拉國的阿瑙地方。最後才說道：

　　「我們有個兄弟，托我們前來問你，是否同意做他的妻子。」

　　瓦依勞瑪蒂（少女的名字）專注地打量了半天這兩個外來女子，回答道：「你們不是阿瑙人。不過，這沒什麼關係。如果你們的兄弟是位首領，如果他長得英俊威武，那他可以來。瓦依勞瑪蒂可以做他的妻子。」

　　苔里和哈奧阿奧阿不敢耽擱，連忙返回帕亞山，告訴奧羅，姑娘願意與他會面。

　　奧羅聽了，把彩虹像第一次那樣放置好，立即從山上下到瓦依塔佩。

　　瓦依勞瑪蒂準備了張桌子，上面擺滿各種水果，還準備了一張床，上面鋪著最細的席子和最精美的床單。

　　在海灘上，在聖柳和露兜樹下，英俊的少年和嬌美的少女，含情脈脈，傾訴衷腸。每天清晨，奧羅返回帕亞山巔；夜幕降臨，便又下山與瓦依勞瑪蒂幽會。從此，任何人都沒有再看見過奧羅的人影。而他，天天在帕亞山和瓦依塔佩之間往返，彩虹仍然為他架橋。

　　多少次月亮圓了又缺，在寂寥的天穹誰也不曉得奧羅究竟躲到了哪裡，塔阿羅阿的另外兩個兒子奧羅特發和烏魯特發，也變成人形，去找尋他們的長兄。他們從一個島到另一個島，哪裡也沒有奧羅的蹤影；最後到達波拉波拉島，放眼望去，看見這位年輕的神明和瓦依勞瑪蒂依偎在一起，坐在神聖的芒果樹下。

　　看到少女如此美貌，兩兄弟驚呆了。他們不敢貿然走上前去，心想必須準備一份禮物才算得體。於是，奧羅特發搖身成為一頭母豬，烏魯特發變做紅色的羽毛。接著，兩人又變回去，重新取得

高更，「Areois 的種子」，1892年，畫布、油彩，92.1 cm × 72.1 cm，紐約，現代美術館藏

高更，「戀愛中使女人幸福」，1889年，彩色木雕，97 cm×75 cm，美國，波士頓美術館藏

人形；不過，母豬和羽毛並沒有消失。他們手捧禮物，走近兩位戀人。奧羅和瓦依勞瑪蒂高高興興地接待了兩位高貴的旅客。

　　當天夜裡，母豬下了七頭小豬。人們把第一頭留下來，以備日後之用；第二頭祭獻給天神；第三頭以好客的名義送給外來人；第四頭被命名為「獻給愛情的祭豬」；第五、第六兩頭留下來繁殖種豬，直到第一窩小豬出生。

高更，「拜神的日子」，1894年，畫布、油彩，68.3 cm × 91.5 cm，美國，芝加哥藝術中心藏

最後，在燒得赤熱的卵石上，用毛利人的方式，把第七頭完整地烤熟，大家分食。

奧羅的兄弟又返回天庭。

過了幾個星期，瓦依勞瑪蒂告訴奧羅，她已經有了身孕。

奧羅立刻抱上前些日子留下來的那第一頭小豬，前往瓦波阿神的廟宇。走進神廟，碰上一個叫馬希的男人，就把小豬遞給他，並對他說：

「馬烏麻伊太，奧埃台也，內普阿亞（請收下這頭豬，並請好好照管它）。」

奧羅又莊嚴地說下去：

「這是頭神豬。今後，我的後人，都必須用這頭豬的血，把腰帶染紅。因為，在這世界上，我是君父。我不能長期留在這裡。

至於你們，我把你們稱做阿里奧依。」

馬希趕緊去見拉雅特阿的首領，把剛才的事向他稟告清楚。要不是首領的好友，怎麼有資格保管神物？馬希便對首領說道：

「今後，我的名字就是您的名字，您的名字也就是我的名字。」

首領表示同意；兩人商定，共同取名為：塔拉馬尼尼。

奧羅回到瓦依勞瑪蒂身邊，說她將生下一個男孩，並請她給兒子取名為豪阿塔布特拉依，意思是「蒼天的神聖朋友」。至於他自己，奧羅說他的時限已到，不能再和她一起生活。

說到這裡，他變成一根巨大的火柱，威武地騰空而起，不斷上升，升得比波拉波拉島的最高峰畢黎萊萊山頂還要高。然後，就再也看不見了。他的妻子痛哭流涕，眾人目瞪口呆。

豪阿塔布特拉依長大後，成了一位偉大的首領，給眾人做了許多好事。他死後，一直升天。她的母親瓦依勞瑪蒂死後也升了天，躋身於眾女神的行列。

高更，「馬奧里人的古老宗教」，水彩畫

　　看來，奧羅很可能是一位漂流到遠方的婆羅門，他把梵天的學說帶到了社會群島一帶；至於在什麼時代，那就難說了。前面我曾指出過，在大洋洲的宗教裡，有印度宗教魂靈轉生說的痕跡；既然如此，毛利族的神靈很可能就是在這一哲學學說的光照下覺醒的。理解力高強的人互相識別，聯合起來遵循特定的規範與禮節，很自然地與平凡之輩拉開了距離。這些人比同種族的其他人頭腦開闊、志趣高遠，很快就在諸島之上掌握了宗教與世俗政治的控制權；他們獲取了重大的特權，建立了強大的封建制度。在這一群島的歷史上，這是一個最興盛的時代。

　　這些人稱做阿里奧依。儘管他們還沒有文字，可都是些真正的學者。他們整夜整夜地聚在一起，一絲不苟地背誦古代的文獻。要想把這些文獻用文字記錄並翻譯出來，沒有多年艱辛的努力，是辦不到的。神靈的話語，使阿里奧依們堅信，一切應當圍繞一個中心進行；神靈的話語，給他們以沉思默想的習慣，也給他們帶來超人的榮華與威望，使所有的人在他們面前都謙卑地低下了頭顱。我不知道，在歐洲的歷史上，有哪種勢力比這個既是軍事的又是宗教的幫會更加威嚴，更加令人望而生畏。阿里奧依之所以有權有勢，首先是因為他們總是以神靈的名義行事，同時也自稱代表了國家的利益，這就給了他們以生殺的特權。

高更，「做個神祕的女性」，1890年，彩色木雕，73 cm × 95 cm

　　阿里奧依們教導說：神靈喜歡人祭，生下孩子，除了長子之外，一律要送到神廟（「馬拉厄」），奪去他們的生命，以他們的犧牲祭祀神靈。前面提到的七頭小豬的傳說，一定就是這一習俗的反映。

　　許多原始民族都曾屈服於這一野蠻的義務。這絕不會無緣無故，內中一定包含著深刻的、具有普遍意義的社會根源。在像從前的毛利人那樣繁衍力很強的種族裡，人口無限制地增長構成了一種莫大的危險。在他們居住的海島上，生活並不艱難；一個人並不需要多大本事便可得到食宿之利。然而，海島的範圍有限，四周是無法逾越的茫茫大海，若對生殖不加控制，土地就無法承受如此沉重的負擔。

　　大海將不可能給予足夠的魚，樹林將結不出足夠的果子。吃人肉

高更，「母性」，1899年，93 cm × 60 cm，紐約，大衛·洛克菲勒藏

的習俗也許就是因為人口過剩造成了饑荒的緣故。我敢說，人類對馬爾薩斯提出的問題，迄今為止，不論採取什麼形式，答案從未跑出吃人肉的範圍之外。不論從實際意義上講，還是從象徵意義上講，凡是地球的某一點上人口太多、太擠的時候，人們就要互相吞食。移民有時候僅僅是死亡的眾多假面具中的一個，有時則把各種因素分散一下，推遲問題的解決罷了。毛利人無法訴諸這種延緩之策，便採取了一種徹底的辦法：為了避免殺戮成人，他們違心地殺戮兒童。說不定當初他們已經嘗試過人吃人的驚駭，認為必須在這一點上改變民族習俗。阿里奧依們這樣做，需要多麼大的勇氣和毅力啊！他們強迫民眾接受了他們的意志，借用的是宗教權威和特別久遠的傳統力量，而他們自身恰恰是這兩者德高望重的承受者與執行者。

對於整個種族，長時間殺嬰是一種選擇方式。可怕的長子權在這裡竟成了活命權，年輕時生下的頭胎男嬰在體力和意志上所獲得的力量滋養著全民族的活力與自豪感。經常觀看死亡的場

高更，「有神像的自畫像」，約1891年，46 cm×33 cm

景，與死亡頻繁地接觸，也不是沒有教益、沒有用處的。武士們從中學到不畏死亡；整個民族得以保持一種強烈的激情，使自己不致墮入熱帶氣候下容易染上的慵懶與遲鈍，激勵自己振作起來不要昏昏沉沉地長睡不醒。歷史事實表明，毛利族在放棄了這一殘酷的習俗之後，繁殖力反而下降了。即使二者沒有因果關係，即使這僅僅是個巧合，這種局面的出現至少也是令人不安的。

在阿里奧依幫會內部，賣淫是一種神聖的制度。我們的到來改變了這一切。現在，賣淫失去了當初的神聖性質，也不再是一種義務；它僅僅存在著，談不上有道理，更談不上高貴。

祭司的職業父傳子受，世代相襲；兒童很小就參與這種職業宗教活動。

當初，阿里奧依幫會分成十二個門庭，每個門庭都由最有聲望的成員擔任頭領，頭領下面又分成許多等級，最底層是學徒。不同等級的顯貴們在臂上、肋部、肩頭、腿部、踝部刺有特殊的文身圖案，以表示自己的地位。

戴十字架的大溪地女子照片

既然談到了古代大溪地在阿里奧依統治下的封建鼎盛時代，那我索性再多說幾句，講一講國王登基儀式的一些情況吧。

那當然是非常久遠的事了。在古代。「瑪塔穆阿」！

新首領從他的宮殿裡走出來，穿著華麗的服裝，全島的顯貴都圍繞著他；走在前面開路的是阿里奧依中的要人，他們頭上插著最珍稀的羽毛。

　　國王一行向馬拉厄（神廟）走去。在神廟門前等待的祭司們，遠遠望見行列走過來，便吹起螺號，敲起大鼓，喧喧鬧鬧地宣佈儀式開始。把國王和隨行之人引入殿堂之後，他們便把一個已被殺死的人抬放在神像前面。

　　國王和祭司一齊祈禱，時而誦念，時而吟唱。之後，一位祭司把犧牲者的眼珠子挖出來，右眼球放在神像之前，左眼球獻給國

高更，「帆船」，約1896—1897年，鋼筆、水彩，17 cm×12 cm

王。國王等眼球遞到他面前，便張開嘴，似乎打算咬住咽下去。這時候，祭司又把手縮回去，將眼球放回屍體之上。

接著，神像被放到雕刻華美的擔架上，由祭司們抬著出了廟門；新國王則由幾個首領抬著，走在後面，仍然由阿里奧依們簇擁著，向海邊前進。老百姓跟在最後面。一路上，隊伍浩浩蕩蕩，祭司們不停地敲鼓吹號，手舞足蹈。

海邊停泊著一條特意為這一莊嚴時刻用綠枝和鮮花裝飾起來的「神船」。神像先被請到船上，然後脫掉國王的衣服，由大祭司把他赤身露體地領到海水裡沐浴。老百姓認為，阿圖阿——馬厄（鯊魚神）會前來撫摸新國王，並給他潔淨身體。過了一會兒，經過大海親吻的祝聖，國王登上神船，大祭司在他的腰間繫上「馬勞——烏拉」，在額頭圍上「塔烏馬塔」，二者都是王權的象徵。

國王登上船頭，與民眾見面。老百姓打破了儀式開始以來的沉默，發出響亮的呼喊：「馬埃瓦阿里依（國王萬歲）」。

這第一次歡樂的呼喊與擁擠平息下來之後，國王被扶上「神床」（就是剛才把神像從廟宇抬來的那個擔架），從原路返回神廟。遊行行列大致保持著來時的次序：祭司們抬著神像，在前面開道，邊跳舞邊奏樂；首領們抬著國王，老百姓跟在後面。所不同的是，老百姓現在完全陶醉在狂歡之中，不住地呼喊：「馬埃瓦阿里依。」

神像在莊嚴的氣氛裡被放回到祭壇之上，宗教儀式就結束了。

緊接著是民眾的慶祝活動。活動的內容很難一一盡述。不過，我總覺得，在這一點上，傳教士們，懷著不難猜出的目的，對於皈依了基督的土著人祖先，或多或少有些污蔑中傷。

國王仰臥在席子上，接受臣民「最後的敬禮」。好幾個一絲不掛的男子和婦女在國王周圍跳起猥褻的舞蹈，並千方百計地用身體的

高更,「基督的誕生」,1896年,畫布、油彩,67 cm×76.5 cm,
聖彼德堡,艾爾米塔什博物館藏

不同部位碰觸國王的身體，使他難以避免受到最不體面的玷污。

　　這當然是些不堪入目的場面。但請允許我談點不同意見：這些場面並不是無美可談的。

　　國王已經在神廟裡與天相通、與塔阿羅阿相通，又在海水中與外部女神希娜相通；在這「最後的敬禮」裡終於輪到他與民眾相通了。當然，儀式十分粗俗、野蠻，我承認它有令人作嘔的一面。然而，在粗野中我看到了偉大：整個民族，在這一時刻，向一個人表示敬愛之情，而這個人是國王，明天他將主宰一切，明天他將按照自己的意願決定所有向他俯首稱臣的人的命運。老百姓只有一小時，只有一小時的自由，這一小時的自由很快就發展成最後的癲癇式的放縱與瘋狂。既然如此，那又有什麼可使人反感的呢？這是些野蠻人；在神靈的允許下，他們發發野性罷了。

　　突然，神聖的螺號聲與鼓聲又大作起來，宣告敬禮與慶祝活動的結束。這是撤退的號令，連最瘋狂的人也立即馴服地平靜下來，一切復歸沉寂。國王坐起來，由隨從簇擁著，在令人敬畏的肅靜氣氛裡返回宮中。

諾阿・諾阿

Chapter 5

諾阿‧諾阿

近半個月來，前些日子很少見的蒼蠅到處亂飛，到了令人不堪忍受的地步。

毛利人無不興高采烈，因為金槍魚群不久即將從遠海湧來。蒼蠅的大量出現預示著捕魚大季的到來。在大溪地，這是幹活的惟一季節。

人們檢查魚鉤和魚線是否結實。沿著海岸，在環礁和陸地之間海底的珊瑚石上，大家拖拉著漁網，連婦女和兒童也不例外。這些漁網，實際上是用椰子樹葉編織成的圍欄。一些金槍魚愛吃的小魚就這樣被捕撈上來。

準備工作足足進行了三個星期。兩條並連起來的獨木舟駛向大海；獨木舟的前部有一根很長的木杆；杆上拴著兩根繩子，繩子的另一端繫在船尾上；一拉繩子，木杆頂端就能高高地翹起來。這木杆，帶著上了飼料的魚鉤，是用來釣金槍魚的。魚一上鉤，馬上就被拉出水面，丟到小船裡去。我們越過環礁圈，向遠海劃去。一隻海龜把腦袋探出水面，不動聲色地望著我們的小船駛過。

漁夫們個個喜氣洋洋，敏捷地划動著船槳。

　　船到了一處叫做「魚坑」的地方。那一帶水特別深，海底有幾個溝穴，名叫馬拉洞〔奇怪的是，在印度，惡魔的名字叫馬拉。佛經過多次轉生，誕生在中亞細亞；他們的母親在他們出生後第七天就離開人世。佛陀傳經講道，最後戰勝了死亡與罪惡之魔——馬拉。——作者原注。馬拉，即梵文Māra。漢譯佛經作魔，或魔羅。據說夜裡魚群來這裡睡覺；因為水深，鯊魚無法到達。

高更，「伊拉羅與奧維利在椰樹下」，1891年，73.7 cm×92 cm，
美國，明尼阿波利斯藝術協會藏

高更，「乳房和紅花」，1899年，畫布、油彩，
37 cm × 28.5 cm，美國，大都會美術館藏

在「魚坑」的上空，水鳥遮天蔽日，監視著金槍魚的動靜。只要有一條魚露出水面，多少只水鳥就俯衝下去，上來時嘴裡叼著撕碎的肉片。

不論是在水裡還是在空中，一直到我們的獨木舟上，無處不在思慮著殺戮，無處不在幹著殺戮的營生。

然而，人們並不在「魚坑」捕魚。我問為什麼不在那裡垂下長線，直到海底。人們回答我，那是聖地，是海神居住的地方，不可冒犯。

我預感到會有一個傳說，便詢問起來。沒費多大勁，就有人願意講給我聽。

大溪地的海神路阿哈圖就在那兒的海底睡覺。一天，有個冒失的漁夫到那裡垂下釣鉤，鉤住了海神的頭髮。海神驚醒後，大發雷霆，立即浮上水面，

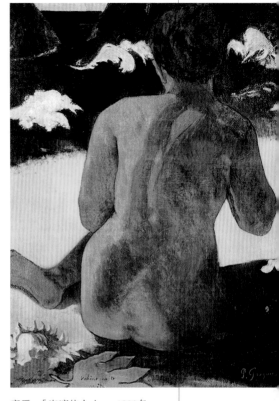

高更，「海濱的女人」，1892年，畫布、油彩，90 cm×73 cm，阿根廷，布宜諾賽勒斯美術館藏

查看究竟誰如此大膽，敢於擾亂他的寧靜。看到罪犯是個凡人，他毫不猶豫地決定，為了補償這一冒犯，整個人類最終將要滅亡。

由於一種神祕的寬容，只有一個人免予受到懲罰；這個人恰恰就是那位闖下大禍的漁夫。

海神命令他全家到托阿－瑪拉馬去。有人說那是一個島或者是

高更，「大溪地一家人」，1896年，畫布、油彩，95.5 cm × 131.5 cm，
聖彼德堡，艾爾米塔什博物館藏

一座山；又有人說它不過是條獨木舟，或者說是個「方舟」〔莫埃
朗努的書裡說，「托阿－瑪拉馬」的意思是「月神的武士」。這一解釋
使人想到：至少在民間的信仰中，希娜在這次災變中是起了作用的。

　　漁夫和他的家屬到達指定地點後，海水便開始上漲，慢慢地吞
沒了最高的山巒，淹死了所有的人群。只有逃到托阿－瑪拉馬的人
才倖免於難。後來，他們不斷繁衍，逐漸移居到其他各島。

　　過了「魚坑」，獨木舟的頭領指定一人把木杆放到水裡，垂下
了魚鉤。
　　大家靜靜地等待。過了很長時間，還沒有魚上鉤。

換了一個人垂釣。這一回，魚鉤不久就被咬住，連木杆都彎曲了。兩個壯漢用力拉動船尾的繩索，把木杆拽出水面，帶上來一條又大又肥的金槍魚。這時，遊來一條大鯊魚，向上一躍叼住我們的獵物，咬了兩三下子，就僅僅給我們留下個魚頭，揚長而去了。

　　頭領向我示意：輪到我操作了。拋下釣鉤不久，便捕到一條大魚。周圍有人竊笑和私語，不過我沒有介意。金槍魚頭上挨了幾悶棍，在船裡亂抖亂蹦，垂死掙扎，全身彷彿成了無數片閃光的鏡面，反射出千萬道金光。

　　我第二次又成功了。毫無疑問，法國人帶來了好運氣。同伴們都喜悅地祝賀我，誇獎我是好樣的。我得意洋洋，當然不會說半個

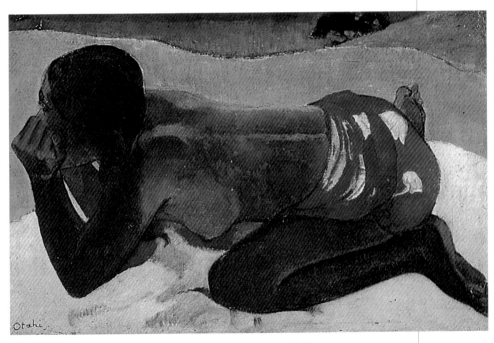

高更，「獨自在奧達溪」，1893年，50 cm×73 cm，巴黎，私人收藏

字。然而，在這異口同聲的讚揚裡，我又覺察到，跟前一次一樣，有人竊笑、私語，真是不可理解。

直到黃昏時分，大家才停歇下來。帶去做釣餌的小魚用完了，夕陽染紅了天際，十條肥美的金槍魚把獨木舟裝得滿滿的；馬上就要返航了。

大家七手八腳整理用具的時候，我問旁邊一個小夥子，剛才我釣上魚來，為什麼有人嬉笑、有人竊竊私語。他不肯回答。我知道毛利人一般城府不深，便堅持問下去，一定要他說個明白。在我再三催問下，小夥子終於開了口。原來，土著人認為，魚鉤掛住魚的下頜部時，留在岸上的女人一定背著出海的男人幹出不忠誠的事情來。而我釣上來的兩條金槍魚，恰恰都是勾住了下頜。我半信半疑地笑了起來。

在熱帶地區，天說黑就黑。我們必須趁夜色未濃之際返回。二十二隻有力的臂膀把短槳深埋在海水裡；為了鼓勁，槳手們有節奏地呼喊著；獨木舟後面開掘出一條閃著磷光的壟溝。我感覺自己也在瘋狂地往前飛跑，大洋的主宰們凶狠地追逐著我們；兩側有成群的魚兒蹕蹦跳躍，似乎瞪著好奇的眼睛在看熱鬧。

兩小時過後，環礁已經在望。大海洶湧翻滾，穿過環礁的障礙是十分危險的。迎著當頭壓下來的湧浪調整船頭，絕非容易的事。

然而，土著人非常靈敏。我興致勃勃又不無懼怕地觀察著他們和諧完美的動作。

正前方，晃動的火光映照出陸地的身影，那是些用乾椰子樹枝做成的巨大的火把。沙灘上，在被照亮的浪花後面，漁夫們的家屬焦急地等候歸舟。有的坐在地上一動不動；有的沿著海岸跑動，手裡拉著孩子；孩子們也跑著、跳著，嘴裡發出尖聲的叫喊。

高更，「艾爾哈·奧希巴」，1896年，65 cm × 76.5 cm，
聖彼德堡，艾爾米塔什博物館藏

　　最後有力的一躍把獨木舟舉到了沙灘之上。

　　然後就開始了獵物的分配。打來的魚都擺到地上，由首領分
份兒。不論男人、女人和小孩，所有在場的人都有均等的一份。因
為大家都有貢獻：沒有出海捕金槍魚的，至少參加過捕撈小魚小蝦
吧。這樣，最後分出了三十七份。

　　回到家裡，我的女伴毫不耽擱，立即用斧子劈柴，生起火來。
我洗了洗身子，夜裡有些涼，又穿了件衣服。

　　我們分到兩份魚；苔拉只煮出了一份，她自己那份留著保存起
來。

吃飯的時候，苔拉沒完沒了地問這問那；我得意地回答，滿足了她的好奇心。她喜氣洋洋、天真活潑，不論什麼事都能使她發出開心的笑聲。我不動聲色地觀察她的一言一笑，一舉一動，絲毫沒有流露出內心隱秘的疑慮。雖然沒有什麼明顯的理由，我的疑慮卻變成了強烈的不安，使我煩躁得不想睡覺。我迫不及待地想問個明白……可又一想：何必呢？算了吧！再一轉念，又覺得不能不弄個水落石出：誰知道呢？

高更，「夢」，1897年，畫布、油彩，95.1 cm×130.2 cm，倫敦，寇德中心畫廊藏

該上床了。我們倆並排躺下之後，我突然問道：

　　「今天你規矩、老實嗎？」

　　「是啊！」

　　「今天的情人合意嗎！」

　　「我沒有情人！」

　　「你撒謊。魚說出了實情。」

　　苔拉呼地從床上爬起來，直盯盯地望著我。她的面孔籠罩著神祕與尊嚴；我從未見過這種表情；也從未想到，她那副娃娃臉上竟會出現這樣的神情。在我們小屋裡，氣氛突變，好像有位威嚴而令人生畏的人一下子站到我倆中間。是啊，我不由自主地受到「信仰」的影響，等待上天的警告。一閃念又痛苦地回到我們的懷疑主義上去。再一想，比起信仰甚至某種迷信熱烈的執著與堅定來，我們的懷疑主義真是太狹隘、太卑微了。於是我又堅定起來，不再懷疑上蒼的警告。

　　苔拉十分溫柔地走到門口，關好門，返回來站到屋子中央，大聲祈禱：

　　「救救我吧！救救我吧！我生活在黑夜中，神靈的夜已經降臨。

　　監督我吧，我的天神啊，更嚴格地管束我！噢，我的主啊！

　　保護我吧，使我不致陷入壞品行的誘惑！

　　保護我不怨恨別人，不詛咒別人，不幹見不得人的勾當！

　　保護我不要為了爭奪一寸土地跟人家爭吵不休！請賞賜和平於我們中間！

　　噢，我的神靈，保護我不受兇狠的武士之害，保護我不受那個頭髮倒豎、到處流竄、專以嚇人取樂的傢伙的危害！保佑我及我的心靈生活得好！啊，我的神靈。」

那天晚上，我幾乎也在虔誠地祈禱。

苔拉祈禱完畢，走到我跟前，眼裡含著淚水，說道：

「打我吧，狠狠地打。」

看著這逆來順受的面容和這嬌美的身軀，我眼前好像出現了一個十全十美的偶像幻影。

讓我的雙手永受詛咒，如果它們敢於朝這大自然的傑作舉起！

她赤身站在我面前，可我覺得她穿著橙黃色的純潔之衣，穿著比丘的金袍。她是一朵金黃色的漂亮鮮花，大溪地的諾阿——諾阿使她芳香四溢。在我的心中，人類崇敬她、愛戴她，就像崇敬、愛戴一位藝術大師！

她重複說道：

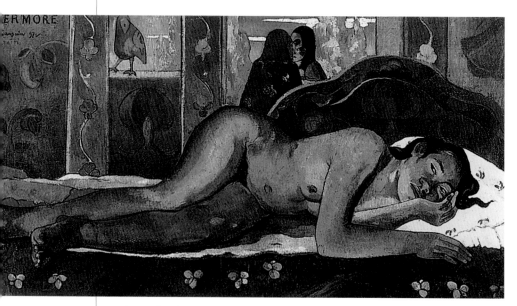

高更，「再也不敢了」，1897年，畫布、油彩，60 cm × 115.9 cm，
倫敦，寇德中心畫廊藏

「打我吧，狠狠地打。要不，你的怒氣平息不下去，那會生病的。」

我抱住她，疑心病冰消雪化了；我充滿仰慕之情的眼神，傳達出菩薩的這些話語：

「要以柔順克服暴烈，以善制伏惡，以真實戰勝謊言。」

在她眼裡，我一定顯得非常奇特。比在我眼裡，苔拉在這神奇之夜的全部舉止還要奇特。

太陽升起了，光輝燦爛。一大早，岳母就送來幾個新鮮的椰子。

她用眼神探詢苔拉，便什麼都明白了。

她的臉上，表情細膩而豐富。

「昨天出海打魚去啦？怎麼樣？一切都好吧？」她望著我，問道。

我的回答是：

「我希望盡快再次出海。」

再見！永遠的他鄉

Chapter 6

我該回法國了。迫切的家庭義務召我回去。

再見了，你這殷勤好客、美不勝收的土地，你這自由與美的國度！我比來時長了兩歲，卻年輕了二十年；我比來時更像個蠻子，卻擁有更多的知識。不錯，這些野蠻人，這些無知的化外之民，教給我這個文明老頭的東西太多太多了。他們傳授給我的是關於生活的科學和關於幸福的藝術。

航船離開碼頭向大海駛去，我最後一次回頭看苔拉。這之前，她已經哭了好幾夜。現在，她筋疲力盡了，心情依然沉重，卻平靜了許多。

高更在大溪地居住的小屋

大溪地高更博物館

她坐在碼頭的石沿上，雙腿下垂，兩隻結實的大腳剛剛觸到下面的鹹水。一直戴在耳上的那朵花，落在雙膝上面，枯萎了。

遠遠近近，其他女人也無聲無息，顯得疲憊而呆滯；她們什麼也不想，只是凝望著把萍水相逢的情人帶走的輪船上冒出來的煙柱。我們站在輪船的駕駛臺上，拿著望遠鏡望；過了很長時間，似乎還看見她們的雙唇張合著，那一定是在吟唱這首古老的毛利歌曲：

「南方來的微風啊，東方來的輕風，你們在我頭頂上會合，互相撫摸互相嬉鬧。請你們不要再耽擱，快些動身，一齊跑到另一個島。請你們到那裡去尋找啊，尋找把我丟下的那個男人。他坐在一棵樹下乘涼，那是他心愛的樹，請你們告訴他：你們看見過我，看見過淚水滿面的我。」

保羅‧高更
於1898年

年表：高更與他的時代

	生活與作品	歷史	藝術與文化
1848	生於巴黎。	法國七月王朝下臺，第二共和國成立。在義大利和奧、匈發生起義。在美國加利福尼亞首府薩克拉門托發現金礦，掀起美國人民淘金熱。	卡爾·馬克思：「共產線宣言」。理查德·華格納：「名歌手」。喬治·桑：「小法岱特」。奧諾雷·杜米埃畫「共和國」。
1849	父親欲帶妻小前往祕魯，投靠妻子的家族，但前往途中父親去世，母親帶著他抵達祕魯。	奧地利在俄羅斯的支持下征服匈牙利。中英第二次鴉片戰爭。	米勒畫「坐在森林邊的牧羊女」。
1855	高更一家返回法國，定居在奧爾良。		高爾培畫「畫室」。杜米爾畫「唐吉訶德與珊朝潘札」。米勒畫「站立的紡紗女」。
1865	他到海軍服役六年。	第二帝國處於轉自由開放時期。美國南北戰爭結束。	波特萊爾翻譯埃德加·愛倫·坡的著作。儒勒·凡爾納：「氣球上的五星期」、「從地球到月球」。大衛·李文斯頓：「贊比西河及其支流探險記」。孟德爾提出遺傳法則。列夫·尼古拉耶維奇·托爾斯泰：「戰爭與和平」。
1867	高更母親去世	奧匈雙元帝國建立。	米勒畫「黎明時養兔場」。約翰·巴普蒂斯特·史特勞斯：「藍色多瑙河圓舞曲」。
1871	他當證　經紀人，但愈來愈對繪畫感興趣	巴黎公社。羅馬成為義大利的首都。	查理·達爾文：「人類的由來及性選擇」。人種學家路易·亨利·摩根發表「人類血族和姻族制度。」朱塞佩·威爾第：「阿伊達」。

	生活與作品	歷史	藝術與文化
1873	他與丹麥少女梅特・蘇菲・加德結婚。	第三共和國在麥克馬洪主持下愈來愈保守。西班牙宣布共和國成立。	阿瑟・蘭波：「靈光篇」。埃米爾・左拉：「饕餮的巴黎」。尚・法蘭索瓦・米勒畫「春天」。馬奈畫「有扇子的女人」。莫內畫「印象・日出」。
1876	他畫的「維羅弗萊的景色」入選沙龍。	法國選舉結果對共和黨人有利。西班牙第三次卡洛斯戰爭結束。	斯蒂芬・馬拉梅：「牧神的午後」。馬克・吐溫：「湯姆・索亞歷險記」。奧古斯特・雷諾瓦畫「煎餅磨坊的舞會」。彼得・伊里奇・柴可夫斯基完成「天鵝湖」芭蕾舞劇。
1880	參加印象派畫展。	茹費理的義務免費教育。大溪地成為法國殖民地。	保羅・拉法格：「偷懶的權利」。費爾多・陀思妥耶夫斯基：「卡拉馬助夫兄弟們」。亞歷山大・鮑羅定：「在中亞細亞的草原上」。約翰・巴普蒂斯特・史特勞斯：「南國玫瑰圓舞曲」。
1881	他與塞尚一起工作。參加印象派第二次畫展。	沙皇亞歷山大二世遇刺。突尼西亞成為法國的保護國。	吉斯塔夫・福樓拜：「布法與白居謝」。愛德華・馬奈畫「福里—白熱爾的酒吧間」。巴布羅・畢卡索誕生。
1883	他離職，把妻子和孩子留在哥本哈根，投入全部精力從事藝術活動。	東京灣和安南處於保護國地位。遠距離輸電實施。	克勞德・莫內到吉維尼。弗里德里希・尼采：「查拉圖斯特拉如是說」。高第開始在巴塞隆納建造聖家堂。
1885	回到巴黎。		瓦特豪斯畫「聖歐拉里爾」。布丹畫「河邊的洗衣婦女」。

	生活與作品	歷史	藝術與文化
1886	他去阿凡橋，結識埃米爾‧貝納，接著去巴黎結識了梵谷。 參加印象派第四次畫展。	法國遠征軍到老撾（寮國）。 在倫敦舉行殖民地展覽。	皮埃爾‧洛蒂：「冰島漁夫」。 「費加羅日報」發表象徵派宣言。 愛德加‧竇加畫「盆浴」。
1887	赴馬丁尼克。 他脫離印象派。	威廉二世為德國皇帝。 印度支那聯邦成立。	喬治‧秀拉：「滑稽表演」。 梵谷開始畫「向日葵」組畫。
1888	他在阿凡橋與貝納和其他畫家試驗「綜合主義」。 10月他到阿爾與梵谷在一起。12月梵谷發狂對他襲擊。	法國布朗熱分子處於全面危機。 法義貿易戰開始。 塞西爾‧羅德斯得到後來成為羅德西亞的地方。	居伊‧德‧莫泊桑：「皮埃爾與若望」。 喬萬尼‧維爾加：「杰蘇阿多工匠老爺」。 雷諾瓦畫「坐浴」。 梵谷畫「夜間咖啡館」。 奧斯卡‧王爾德：「快樂王子與其他故事」。
1889	世界博覽會期間在沃爾皮尼咖啡館展出；他又一次在商業上失敗，但評論家對他發生興趣。	布朗熱危機結束。 巴黎舉行世界博覽會。 阿比西尼亞（衣索比亞）成為義大利保護國，義屬索馬利亞被併吞。	愛德華‧孟克開始畫「生活的帷幕」。 亨利‧柏格森：「論知覺的直接資料」。 加布里埃爾‧鄧南遮：「快樂的兒童」。 方汀畫「永生」。 梵谷畫「鳶尾花」。 梵谷畫「星夜」。 彼得‧伊里奇‧柴可夫斯基完成「睡美人」芭蕾舞劇。
1891	赴大溪地。他畫「在沙灘上」，開始探索象徵主義的魅力。	教皇利奧十三世的社會通諭：「新通諭」。 全德意志同盟成立。	安德烈‧紀德：「安德烈‧瓦爾特筆記」。 亨利‧土魯斯‧羅特列克畫「紅色磨坊——貪食者」。 奧斯卡‧王爾德：「道林‧格雷的畫像」。 托馬斯‧哈代：「德伯家的苔絲」。

生活與作品		歷史	藝術與文化
1893	八月回巴黎。一連串失望，其中包括他放在杜朗・呂埃爾那裡的畫賣不出去，儘管波納爾烏依亞爾和德尼表示讚賞。	「獨立工黨」在倫敦成立。 工人聯盟對西西里饑荒表示反抗。	查理・古諾：「安魂曲」。 埃米爾・維爾哈倫：「妄想的農村」。 阿爾貝・薩曼：「在公主的花園裡」。 雷諾瓦畫「整理頭髮的浴女」。 安東寧・利奧波德・德弗札克：「第9號交響曲－新世界」。
1895	他永遠離開巴黎前往大溪地定居。	法國總工會成立。 呂米埃兄弟發明電影攝影機。 倫琴發現X射線。	西格蒙德・佛洛伊德：「癲病研究」。 魯德亞德・吉卜林：「叢林故事續篇」。
1897	他完成了表示他痛苦的尋求答案的作品：「我們從何處來？我們是什麼？我們往何處去？」	狄塞爾發明以他的名字命名的發動機。 希臘、土耳其爭奪克里特島爆發戰爭。	理查德・史特勞斯：「唐吉軻德」。 亨利・盧梭畫「睡著的吉普賽女郎」。 列夫・托爾斯泰在「什麼是藝術」一文中批判為藝術而藝術。 古斯塔夫・克林姆創建「維也納分離派」。
1898	自殺未遂。	俾斯麥去世。 法——英在法紹達危機。 左拉在「我控訴」中為德雷菲斯上尉辯護。 皮埃爾和瑪麗・居里發現鐳。	克勞德・德布西寫他的三部「夜曲」。 伊塔洛・斯韋沃：「季諾的意識」。 奧斯卡・王爾德：「瑞丁監獄之歌」。 畢莎羅畫「日落的盧昂港」。
1899	在大溪地創辦論戰性的報紙——「微笑」		竇加畫「四舞者」。 莫內畫「睡蓮・綠色的和諧」。 羅德列克畫「舞廳內」。

表・格

	生活與作品	歷史	藝術與文化
1901	他擺脫殖民當局逃往馬克薩斯群島，在那裡他繼續維護當地居民。 他畫了「金黃色的肉體」。	瓦爾德克─盧梭的結社法。 美國總統麥金利遇刺，由西奧多·羅斯福接替。	莫里斯·梅特林克：「蜜蜂的生活」。 托瑪斯·曼：「布登勃洛克家族」。 安東·契柯夫：「三姊妹」。 阿爾佛雷德·雅里：「烏布王」續集。
1903	三月他被判三個月徒刑。因重病於5月8日謝世。	俄國社會民主工黨在倫敦舉行的第二次代表大會上分裂為孟什維克和布爾什維克。 萊特兄弟首次使飛機飛上天空。 亨利·福特創建福特汽車公司。	安德列·德蘭畫「士兵舞會」。 亨利·詹姆斯：「專使」。 瓦特豪斯畫「水神與納西斯」。

圖版目錄

23／「塔馬泰特」，作於大溪地，1892年，畫布、油彩，78 cm × 92 cm，巴塞爾，國立美術館藏。

21／「夢幻」，1897年，畫布，95 cm × 130 cm，倫敦，科特爾德協會畫廊藏。

25／「午休」，作於大溪地，1891－1892年，畫布、油彩，87 cm × 116 cm，瓦爾特‧安南伯格藏品。

卷一：

31／高更，「拿著調色板的自畫像」，1891年，畫布、油彩，55 cm × 46 cm，私人收藏

32／高更，「諾阿‧諾阿」，1891－1893年，木刻畫

33／高更，「女子像」，1891－1892年，水彩速寫，17 cm × 11 cm，紐約，私人藏

35／高更，「做夢的人」，1891年，畫布、油彩，94.6 cm × 68.6 cm，美國，密蘇里州，尼爾森‧安特美術館藏

36／高更，「甘泉」，1894年，畫布、油彩，73 cm × 98 cm，聖彼德堡，艾爾米塔什博物館藏

38／高更，「大溪地街景」，1891年，畫布、油彩，115.6 cm × 88.6 cm，西班牙，托雷多美術館藏

39／高更，「跳舞」，1891年，畫布、油彩，73 cm × 92.1 cm，耶路撒冷美術館藏

40／大溪地島的沿海風光

41／高更，「大溪地島上的人」，19.7 cm × 25.9 cm

44／高更，「大溪地的女子」，木刻畫

45／高更，「美妙的大地」，1892年，畫布、油彩，92 cm × 73.5 cm，日本，大原美術館藏

46／高更，「大樹」，1891年，71.5 cm × 91.5 cm，美國，克里夫蘭美術館藏

49／高更，「拿斧頭的男人」，1891年，畫布、油彩，92 cm × 69 cm，私人收藏

50／莫雷阿島上像古堡般的山峰

51／夜色降臨的大溪地島

53／高更，「花」，1891年，畫布、油彩，72 cm × 92 cm，聖彼德堡，艾爾米塔什博物館藏

77／高更，「香蕉餐」，1891年，畫布、油彩，73 cm × 92 cm，巴黎，奧賽美術館藏

79／高更，「神水」，1893年，畫布、油彩，99 cm × 73 cm，瑞士，蘇黎世畢爾勒藏

80／高更，「未開化人的詩」，1896年，畫布、油彩，64.6 cm × 48 cm，美國，哈佛大學福格美術館藏

卷三：

85／高更，「大溪地的人們」，約1896－1897年，水彩畫

86／高更，「大溪地女人和狗」，1896－1899年，紙面水彩畫，27 cm × 32.5 cm，貝爾格勒美術館藏

88／高更，「手持芒果的女人」，1893年，畫布、油彩，92 cm × 73 cm，聖彼德堡，艾爾米塔什博物館藏

90／高更，「兩姐妹」，1892年，畫布、油彩，90.5 cm × 67.5 cm，聖彼德堡，艾爾米塔什博物館藏

91／大溪地人照片

92／高更，「海邊的大溪地女郎」，1891年，畫布、油彩，69 cm × 91 cm，巴黎，奧賽美術館藏

93／高更，「苔拉」，1891－1893年，木雕

95／高更，「拿著芒果的女人」，1892年，畫布、油彩，72.7 cm × 44.5 cm，美國，巴爾的摩美術館藏

97／高更，「吃草的馬」，1891年，64.5 cm × 47.3 cm，紐約，大都會美術館藏

99／高更，「快樂之歌」，1892年，畫布、油彩，75 cm × 94 cm，巴黎，奧賽美術館藏

100／高更，「大溪地牧歌」，1893年，畫布、油彩，86 cm × 113 cm，聖彼德堡，艾爾米塔什博物館藏

102／高更，「我們今天不去市場」，1892年，畫布、油彩，73 cm × 92 cm，巴黎，奧賽美術館藏

103／高更，「馬納奧·都帕巴烏」（*Mana'oTupapau; Spirit of the Dead Watching*），

130／高更，「探險」，約1894－1895年，水彩、鋼筆畫，9.5 cm × 19.5 cm

131／高更，「瑪利亞禮讚」，1891年，畫布、油彩，113.7 cm × 87.7 cm，紐約，大都會美術館藏

133／高更，「竊賊之神」，【希羅的故事】，約1892年，鋼筆、水彩，22.5 cm × 18 cm

134／高更，「月亮與大地」，1893年，畫布、油彩，114.3 cm × 62.2 cm，紐約，現代美術館藏

135／高更，「神像前的女子」，1899年，畫布、油彩，134 cm × 95 cm，莫斯科，普希金美術館藏

136／高更，「大溪地牧歌」，1898年，畫布、油彩，54 cm × 169 cm，倫敦，泰特美術館藏

137／高更，「感謝」，約1894－1895年，木刻畫

139／高更，「偶像」，1898年，畫布、油彩，73.5 cm × 92 cm，聖彼德堡，艾爾米塔什博物館藏

140／高更，「希娜」，約1891－1893年，彩繪金箔木雕，37 cm × 13.4 cm × 10.8 cm，華盛頓，國立美術館雕刻花園藏

140／高更，「鑲珍珠的偶像」，約1891－1893年，木雕，23.7 cm × 12.6 cm × 11.4 cm

142／高更，「鑲貝偶像」，約1892－1893年，木雕，34.4 cm × 14.8 cm × 18.5 cm

143／高更，「奧羅與瓦伊勞瑪蒂在波拉波拉島的神木樹下」

145／高更，「Areois的種子」，1892年，畫布、油彩，92.1 cm × 72.1 cm，紐約，現代美術館藏

146／高更，「戀愛中使女人幸福」，1889年，彩色木雕，97m × 75 cm，美國，波士頓美術館藏

147／高更，「拜神的日子」，1894年，畫布、油彩，68.3 cm × 91.5 cm，美國，芝加哥藝術中心藏

149／高更，「馬奧里人的古老宗教」，水彩畫

150／高更，「做個神秘的女性」，1890年，彩色木雕，73 cm × 95 cm

151／高更，「母性」，1899年，93 cm × 60 cm，紐約，大衛·洛克菲勒藏

What's Art
諾阿‧諾阿：尋找高更

作　　者　保羅‧高更（Paul Gauguin）
譯　　者　郭安定
總 編 輯　許汝紘
美術編輯　楊詠棠
執行企劃　劉文賢
發　　行　許麗雪
總　　監　黃可家
出　　版　信實文化行銷有限公司
地　　址　台北市松山區南京東路5段64號8樓之1
電　　話　（02）2749-1282
傳　　真　（02）3393-0564
網　　站　www.cultuspeak.com
網路書店　shop.whats.com.tw
讀者信箱　service@whats.com.tw
劃撥帳號　50040687 信實文化行銷有限公司

印　　刷　上海印刷廠股份有限公司
地　　址　新北市土城區大暖路 71 號
電　　話　（02）2269-7921

總 經 銷　高見文化行銷股份有限公司
地　　址　新北市樹林區佳園路二段 70-1 號
電　　話　（02）2668-9005

香港總經銷：聯合出版有限公司

本書譯者為郭安定先生。
譯稿由北京朗朗書房出版顧問有限公司授權台灣信實文化行銷有限公司出版使用。

2015 年 12 月 二版
定價　新台幣 400 元

更多書籍介紹、活動訊息，請上網輸入關鍵字　[拾筆客]　[搜尋]

國家圖書館出版品預行編目（CIP）資料

諾阿.諾阿：尋找高更 / 保羅.高更（Paul
Gauguin）著；郭安定譯. -- 二版. -- 臺北市：華滋
出版；信實文化行銷, 2015.12
面；　公分. --（What's Art）
譯自：Noa-Noa
ISBN 978-986-5767-88-4（平裝）

1. 遊記 2. 法國

742.89　　　　　　　　　　　104025810